PRAXISBUCH
GESCHÄFTSBRIEFE

Erhard Schätzlein/Erik Deutscher

PRAXISBUCH GESCHÄFTSBRIEFE

Effizient und kundenorientiert
schreiben

Brief, Fax und E-Mail: Analysen
und Verbesserungsvorschläge

Inhalt

Einleitung

Wodurch unterscheidet sich dieses Buch von den zahlreichen anderen Korrespondenz-Büchern? Der Aufbau entspricht weitgehend dem eines Seminars zum Thema Korrespondenz. Hier stehen vor allem Übungen und das Besprechen und Verbessern von Texten im Vordergrund. Hauptziel jedes Seminars wie auch dieses Arbeitsbuches ist es ja die ersten Schritte auf dem Weg zu einem *zeitgemäßen Schreibverhalten* zu tun.

Entwickeln Sie Ihren individuellen Schreibstil!

Deshalb kann es nicht nur darum gehen, Stil- oder Grammatikfehler zu erkennen um sie dann zu vermeiden. Ziel muss letztlich ein neuer und individueller Schreibstil sein, der nur dann gelingt, wenn sich auch das Bewusstsein dafür gleichzeitig weiter entwickelt. Erwarten Sie jetzt nicht, dass Sie demnächst jeden Fehler erkennen werden und dass sich Ihr Schreibstil innerhalb kurzer Zeit grundlegend ändert. Beides ist über Jahre gewachsen. Grundlegende Erfolge brauchen neben Konsequenz und Beharrlichkeit vor allem Zeit.

Wie bei einer Wanderung gilt es, realistische – und für Sie anregende – *Etappenziele* zu setzen und zu verwirklichen. Dieses Vorgehen motiviert Sie, am Ball zu bleiben, weil Sie schnell „kleine" Erfolge erzielen. Sie und Ihre Kolleginnen und Kollegen werden bald merken, dass Ihre Schreiben kompetenter formuliert sind. Dies tut Ihnen sicher gut.

Kundenorientierung beim Schreiben

Was heißt nun konkret, *Bewusstsein* weiterzuentwickeln? Einige praktische „Fälle" zur Einstimmung. Sicher kennen Sie den Ausspruch *Kundenorientierung muss in den Köpfen beginnen.* Aber wer bedankt oder entschuldigt sich schon beim Gesprächspartner, wenn er keinen Sinn darin sieht? Hier besteht in vielen Fällen Nachholbedarf. Nur bei der richtigen *Einstellung* spürt unser Gegenüber, dass z. B. ein Dank der Situation angemessen ist. Sonst passt die Formulierung nicht in den Kontext und klingt wie eine Floskel.

Mit welcher Einstellung gehen Sie an Ihre Antwortschreiben heran? *Der Berg auf meinem Schreibtisch muss möglichst schnell abgearbeitet werden!* Oder: *Schon wieder muss ich dem Kunden X ein Angebot machen!* Oder sehen Sie in Ihrem Kunden einen Partner, der das Recht auf eine schnelle, verständliche und höfliche Antwort hat?

Zwischen beiden Einstellungen liegen Welten. Einmal bleibt der Kunde links liegen, im anderen Fall steht er im Mittelpunkt. Ganz automatisch entwickelt sich daraus ein unterschiedlicher Schreibstil: Während der eine Brief mit einem individuellen Dank beginnt, steht im anderen eine nichtssagende Floskel oder etwas Negatives am Anfang.

Dass wir gern beim Erlernten und Gewohnten bleiben möchten, ist durchaus verständlich. Neues verunsichert zunächst. Auf der anderen Seite verändert sich alles um uns herum immer schneller. Warum sollte da gerade die Korrespondenz eine Ausnahme machen?

Lebenslanges Lernen – auch beim Schreiben

Dieser Entwicklungsprozess wird sich für Sie auszahlen: *Kundenorientierte Briefe* erzielen eine bessere Wirkung, haben mehr Aussicht auf Erfolg, bringen mehr Aufträge.

Für die mündliche und die schriftliche Kommunikation gelten dieselben *Regeln*. Der *erste (optische) Eindruck* entscheidet oft darüber, ob der Inhalt überhaupt zur Kenntnis genommen wird. Schauen wir uns einmal ein mit kleiner Schrift gedrucktes, übervolles Anschreiben an! Sicher motiviert dies nicht, den Text vollständig und aufmerksam durchzulesen. Eher ärgern wir uns darüber. Tauchen dann noch Schreibfehler, Bandwurmsätze und unhöfliche Formulierungen auf, beschäftigen sie uns vor allem und lenken vom eigentlichen Sachverhalt ab.

Der erste Eindruck zählt!

Der wichtige psychologische Aspekt eines Schreibens, *die Beziehungsebene*, wird beim Korrespondieren häufig unterschätzt und vernachlässigt. Dafür haben unsere Seminarteilnehmerinnen und -teilnehmer eine Fülle von Beispielen geliefert: Früher oder später mussten die Verfasser Nachteile in Kauf nehmen, wenn sie die Beziehungsebene beim Schreiben vernachlässigt hatten.

Beziehungsebene beim Schreiben

Wie ist dieses Arbeitsbuch aufgebaut?

Beispiele aus der Praxis

Nach einer Einführung, wie Sie verständlich und kundenorientiert schreiben, besprechen wir mit Ihnen 10 Original-Briefe und -Faxe Satz für Satz. Dabei wird an vielen Stellen deutlich, wie wichtig die Beziehungs- oder Gefühlsebene ist. Es folgt jeweils unser Verbesserungsvorschlag, den wir auch unter die „Korrespondenz-Lupe" nehmen. Dann erfahren Sie etwas über die Möglichkeiten und den Nutzen von E-Mails.

Übungen zum Schreibstil

Zwei Abschnitte mit den Schwerpunkten *modern formulieren* und *prägnant schreiben* schließen sich an. Da es – wie schon gesagt – um Ihre Verhaltensänderung beim Schreiben gehen soll, erwartet Sie nach der mehr theoretischen Einführung die *Möglichkeit zum Üben*. Sätze mit typischen Stilfehlern sollen Sie dazu anregen, eigene Formulierungen auszuprobieren und mit unseren Verbesserungsvorschlägen im Anhang zu vergleichen.

Arbeitstechnische Tipps und Checklisten runden dieses Buch ab. Damit wollen wir Ihnen eine ganz persönliche Weiterentwicklung Ihres Stils schmackhaft machen.

Lassen Sie sich Zeit für die Umsetzung Ihrer Ziele, damit der neue Stil wirklich „in Fleisch und Blut" übergeht. Oberflächliche Veränderungen – dies zeigt die Erfahrung – wirken auf längere Sicht nicht.

Ein Arbeitstipp für unsere Leserinnen und Leser

Ihr Gefühl bestimmt die Reihenfolge

Wenn Sie dieses Buch effizient nutzen wollen, lassen Sie bitte Ihr Gefühl entscheiden, mit welchen Aspekten bzw. Themen Sie sich gern befassen möchten. Lernpsychologisch gesehen sind Sie meistens nicht so erfolgreich, wenn Ihr Verstand über die Reihenfolge der Inhalte bestimmt.

Mit einer Ausnahme: Das Kapitel mit der Basisinformation sollten Sie möglichst nicht überspringen. Denn hier werden Begriffe geklärt, die später immer wieder verwendet werden und für das Trainieren eines verständlichen Stils unentbehrlich sind. Danach ist es möglich, individuell vorzugehen.

Einleitung

Zum Beispiel können Sie nach zwei oder drei Brief- bzw. Fax-besprechungen selbst zu einem häufigen Stilfehler Verbesserungs-vorschläge aufschreiben. Danach schauen Sie die arbeitstechnischen Tipps durch, um festzulegen, welche Sie davon im Arbeitsalltag anwenden wollen. Denken Sie auch daran, zu einem Original-schreiben eine verbesserte Fassung zu formulieren, die Sie mit unserem Vorschlag vergleichen können.

Wir wünschen Ihnen bei diesem Korrespondenztraining Freude, eine Menge motivierender Anregungen und viele Schreiberfolge!

Effizient und kundenorientiert schreiben

Hamburger Psychologen untersuchten schon Anfang der 70er Jahre die Verständlichkeit von Texten. Dazu haben sie sich durch viele Seiten „durchgebissen" und kamen zum Ergebnis: Die meisten Briefe, Berichte, Protokolle, Bedienungsanleitungen, Notizen, Vermerke, Prospekte usw. waren nur schwer verständlich. Auch heute machen wir diese Erfahrung fast täglich.

Um dem Problem der Verständlichkeit auf den Grund zu gehen, stellten sich die Psychologen zwei Fragen.

Warum sind viele Texte schwer verständlich?

Schwierige Sachverhalte gibt es nicht!

„Schwierige Dinge lassen sich eben nicht einfach erklären!" – So leicht machen es sich viele Schreiber und schieben die Schuld auf den angeblich schwer zu vermittelnden Sachverhalt. Dazu die Wissenschaftler: „Wenn ein Text schwer zu verstehen ist, so liegt das in den wenigsten Fällen an seinem Inhalt. Der Inhalt ist meistens gar nicht so kompliziert. Er wird erst kompliziert gemacht – durch eine schwer verständliche Ausdrucksweise. Und auch wirklich schwierige Sachverhalte lassen sich bei einigem Bemühen oft mit einfachen Worten verständlich erklären" (Langer/Schulz von Thun/Tausch, S. 10; siehe Literaturverzeichnis).

Warum drücken sich viele Schreiberinnen und Schreiber schwer verständlich aus?

Manche denken, Sie können mit einem komplizierten und hochtrabenden Text *Eindruck* schinden und *Bestätigung* erlangen. Andere wollen ihre Leser absichtlich *im Unklaren lassen*, schwer verständliche Passagen zum eigenen Vorteil nutzen. Wie wir wissen, geht diese Rechnung oft auf. Viele Leser lassen sich von unverständlichen Formularen abschrecken und verzichten damit auf berechtigte Ansprüche. Wieder andere *schreiben einfach drauflos* und fragen sich nicht, ob und wie der Inhalt beim Leser ankommt. Diesen Schreibern ist zweifellos der geringste Vorwurf zu machen. Sie wissen ganz einfach nicht, wie es besser, sprich: verständlicher geht.

Wie können wir lernen, uns verständlich auszudrücken?

Die Hamburger Psychologen haben nach umfangreichen Untersuchungen herausgefunden, dass vier Bestandteile Geschäftsbriefe, Faxe und alle anderen Texte verständlich machen. Sie entwickelten die *„vier Verständlichmacher"*: *Einfachheit, Struktur, Prägnanz, Anregung*. Mit den Anfangsbuchstaben E–S–P–A können Sie sich diese vier wichtigen Kriterien leicht merken.

Nach unserer Erfahrung – und damit stehen wir nicht allein – kann jedes Unternehmen und jeder Dienstleister mit den „vier Verständlichmachern" mindestens *20 Prozent Text einsparen*. Ja, Sie haben richtig gelesen: ein gewaltiger Berg an Zeit, Energie und Geld wird heute noch nichts ahnend verschwendet. Nur ein konsequentes Korrespondenz-Training reduziert diesen enormen Reibungsverlust deutlich.

Einspareffekt mit ESPA

Einfachheit

Wenn wir von Verständlichkeit reden, meinen wir vor allem *Einfachheit*. Der wichtigste Verständlichmacher – Einfachheit – bezieht sich auf die Wortwahl und den Satzbau. Geläufige, anschauliche Wörter bilden kurze, einfache Sätze.

Der wichtigste Verständlichmacher

Erklären Sie *Fachausdrücke* und *Fremdwörter* bei Bedarf. Einen Begriff kann man im Text definieren, ausführlichere Zusatzinformationen in Form einer *Anlage* mitteilen. *Abkürzungen* schreiben Sie zur Sicherheit aus; dies wirkt außerdem höflich.

Unbekanntes erklären

Die Merkmale der **Einfachheit** auf einen Blick:

- geläufige Wörter benutzen und Fachwörter erklären;
- kurze Sätze verwenden und Sätze einfach konstruieren;
- konkret, anschaulich, aktiv und positiv schreiben;
- modern formulieren.

Einfache Texte wirken kompetent

Viele Schreiben klingen zu kompliziert. Haben Sie daher den *Mut*, besonders schwierige Sachverhalte *einfach zu formulieren!* Keine Angst, aus der Sicht des Lesers leidet Ihre Kompetenz nicht darunter. Gerade ein Experte beherrscht die Kunst, jedes Thema leicht verständlich darzustellen. Einfach schreiben heißt ja nicht, den Inhalt zu vereinfachen.

Schreiben Sie kurze Sätze

Warum ist es sinnvoll, kurze Sätze zu schreiben? Wissenschaftliche Untersuchungen haben gezeigt: Unser Gehirn kann beim Lesen etwa *sieben Informationen* gleichzeitig aufnehmen und verarbeiten. Dies entspricht einer Satzlänge von bis zu 25 Wörtern.

Verständlich = einmaliges Lesen

Noch längere Sätze können die meisten Leser nicht mehr auf Anhieb verstehen und müssen sie mehrmals lesen. Verständlich ist ein Satz jedoch nur, wenn man den Inhalt beim ersten Lesen sofort begreifen kann.

Die Tabelle unten setzt beim Leser durchschnittliche Kenntnisse und einen mittelschweren Sachverhalt voraus. Was ist zu tun, wenn das *Thema kompliziert* ist und der Leser nur geringes Vorwissen hat? Dann sollten Sie kürzere Sätze bilden und mit etwa 13 Wörtern pro Satz auskommen.

Satzlänge und Verständlichkeit

Wörter	Grad der Verständlichkeit
1–13	sehr leicht verständlich
14–19	leicht verständlich
20–25	verständlich
26–34	sehr schwer verständlich
35 und mehr	unverständlich

Bei aufeinander folgenden zu langen Sätzen besteht eine zusätzliche Gefahr: Unsere Leser verlieren die Lust am Lesen und überfliegen dann oft nur noch den Text oder legen ihn ganz zur Seite. Sicher kennen Sie das auch.

So schreiben Sie verständliche Sätze!

- *Wichtiges* gehört an den Satzanfang, damit man gleich weiß, worum es geht. Außerdem wird der Anfang konzentrierter gelesen als die folgenden Satzteile.
- Formulieren Sie in einem Satz immer nur *einen Hauptgedanken*.
- Schreiben Sie so *konkret* und *anschaulich* wie möglich. Nutzen Sie die Anschaulichkeit konkreter Datumsangaben, Zahlen, Lieferfristen oder nennen Sie Vorteile, Anwendungsmöglichkeiten, Gründe.
- Ihre Leser brauchen *aktive Formulierungen*. Diese sind verständlicher und kürzer als passive.
  Passiv formuliert: *Die Untersuchung der Proben wird von der Qualitäts-Abteilung durchgeführt.* Aktiv und einfacher formuliert: *Die Qualitäts-Abteilung untersucht die Proben.*
- Machen Sie – wann immer möglich – *positive* statt negative *Aussagen*. Der Grund: Positives lesen Ihre Leser lieber und behalten es länger als negative Nachrichten.
  Negativ klingt: *Das Ergebnis der Untersuchung können wir Ihnen noch nicht mitteilen.* Positiv dagegen: *In der kommenden Woche [alternativ: am JJ-02-10] erhalten Sie das Ergebnis der Untersuchung als Fax.*
- Vermeiden Sie Sätze, in denen die *zusammengehörenden Teile* eines mehrteiligen Tätigkeitswortes (z. B. *sich gut gerüstet sehen*) zu weit auseinander gezogen sind.
  Auseinander gezogen: *Unsere Firma sieht sich für die Zukunft angesichts der positiven Auftragslage der letzten Monate gut gerüstet.*
  Zusammen gezogen: *Unsere Firma sieht sich gut gerüstet für die Zukunft, weil die Auftragslage der letzten Monate positiv ist.*
- Achten Sie darauf, dass *Einschübe* im Satz nicht zu lang sind. Leser verkraften in der Regel nur fünf bis sieben Wörter Zwischeninformation. Danach sollten Sie den vorher begonnenen Inhalt weiterführen. So verstehen Ihre Leser den Satz auf Anhieb.

Struktur

Ihre Leser möchten den Briefinhalt sofort verstehen können. Dabei unterstützen Sie sie, wenn Sie möglichst gut gliedern und ordnen.

Eine gute Struktur besteht aus diesen Aspekten:

Grobgliederung – Der „rote Faden"

Die Reihenfolge der Hauptinformationen soll aus der Sicht des Lesers *folgerichtig*, *systematisch* oder *plausibel* sein. Bei mehreren aufeinander folgenden Gedanken sprechen wir vom „roten Faden".

Betreff, Bezug, Anrede, Anfang, Inhalt, Schluss, Gruß und Anlage sind die *formalen Elemente* für die grobe Gliederung beim Brief und Fax.

Inhalt und Optik

Präsentieren Sie den Inhalt nicht „am Stück", sondern gliedern Sie ihn in Abschnitte. Das heißt: Unterschiedliche Gedanken müssen auch als kleine *optische Einheiten* erkennbar sein. Ein *Absatz* – maximal 5 Zeilen – ist vom vorhergehenden und vom folgenden Text durch eine Leerzeile zu trennen.

Gleichzeitig kommt es bei komplexen Sachverhalten darauf an, *passende Übergänge* zu finden. Sonst wirkt der Inhalt zerrissen und es wird schwerer, den Zusammenhang zu begreifen.

Hervorhebungen

Nicht alle Inhalte (Wörter, Gedanken, Sätze) sind gleich wichtig. Damit aber wesentliche Informationen nicht untergehen, werden sie hervorgehoben.

Sprachlich hervorheben können Sie
- mit *Hauptwörtern*: Vorteil, Nachteil, Preis, Angebot, Rabatt, Skonto, Ziel, Maßnahmen, Vorschlag

Effizient und kundenorientiert schreiben

- mit *Eigenschaftswörtern:* sehr wichtig, unwichtig, effizient, erfolgreich, kostengünstig, kundenorientiert
- durch *Aufzählungen:* 1., 2., 3. oder a, b, c

Optisch hervorheben können Sie
- durch *Einrücken,* mindestens fünf Leerzeichen, im Weiteren dann zum Beispiel mit vorangestellten Spiegelstrichen
- durch *Zentrieren* einer wichtigen Aussage
- durch *Fettdruck* eines Worts, Satzteils oder ganzen Satzes
- durch *Unterstreichen* eines Worts, Satzteils oder Satzes
- mit *Spiegelstrichen* oder durch *Aufzählungspunkte*

Wir sind Augenmenschen

Schauen Sie sich Ihren Text an. Ihr Gefühl kann oft viel schneller, ehrlicher und besser über eine gute oder schlechte Struktur entscheiden als der Verstand.

Sind Sie unsicher, probieren Sie Alternativen aus: Unterstreichung statt Fettdruck oder Einrücken statt Zentrieren. Spätestens beim optischen Vergleich erkennen Sie sofort, ob *Inhalt und Form* angemessen aufeinander abgestimmt sind.

Vergleichen Sie mehrere Entwürfe

S

Eine gute **Struktur** berücksichtigt folgende Eigenschaften:
- Hauptgedanken sind folgerichtig, logisch;
- Absätze sind inhaltlich und optisch gut gegliedert;
- Wesentliches ist sprachlich und optisch hervorgehoben

Was heißt psychologisch ordnen?

Viele Schreiber beginnen mit dem Formulieren, ohne eine Reihenfolge zu berücksichtigen. Sie bringen die Inhalte so, wie sie ihnen gerade einfallen. Wer solche Texte bekommt, hat häufig Schwierigkeiten, weil eine leserorientierte Gliederung fehlt. Die Zusammenhänge werden nicht oder anders verstanden als beabsichtigt.

Selbst bei einem wichtigen Schreiben ist nicht gewährleistet, dass sich die Leser durch diese Gedankenunordnung hindurcharbeiten. Ganz im Gegenteil, sie schalten häufig innerlich ab und legen den Text weg – eine sehr menschliche Reaktion.

Reihenfolge vom Leser abhängig

Grundsätze für eine richtige psychologische Ordnung:

■ *Bekanntes* vor dem *Unbekannten*
■ *Einfaches* vor dem *Komplizierten*
■ *Allgemeines* vor dem *Speziellen*
■ *Interessantes* vor dem *Langweiligen*
■ *Wichtiges* vor dem *Unwichtigen*

Gliederungsvorschläge

Setzen Sie diese drei Modelle bitte flexibel ein und passen Sie die Struktur Ihres Textes dem Leser und der jeweiligen Situation an. Davon ist auch abhängig, ob Sie auf einen wichtigen Punkt sehr ausführlich und detailliert eingehen oder einen Sachverhalt nur kurz ansprechen.

Antwort an einen Kunden

Positiver Beginn: Dank
Wichtigste Frage beantworten
Nächste Frage beantworten usw.
Vorschlag, Tipp, Aufforderung
Positiver Schluss: Dank, gute Wünsche

Begründete Forderung eines Kunden

Positiver Beginn: Dank
Recht geben (Entschuldigung?)
Entscheidung (mit Begründung)
Vorschlag, Lösung, Kompromiss
Positiver Schluss

Unbegründete Forderung des Kunden

Positiver Beginn: Dank
Situation des Kunden ansprechen
Forderung ablehnen (Begründung?)
Vorschlag, Lösung, Kompromiss
Positiver Schluss

Effizient und kundenorientiert schreiben

Manchmal ist ein positiver Einstieg nicht möglich. Beginnen Sie dann gleich mit dem nächsten Gliederungspunkt.

In bestimmten Situationen ist es sinnvoll, Ihren Lesern zum Beispiel die Begründung vor der Antwort oder Entscheidung zu geben. In anderen Fällen ist es angebracht, genau umgekehrt vorzugehen. Wichtig: Legen Sie die Reihenfolge der einzelnen Inhalte *bewusst aus der Sicht des Empfängers* fest.

Entscheidung begründen?

Prägnanz

Die entscheidende Frage: Haben Sie den Text auf die *wesentlichen Aspekte* beschränkt und ihn *knapp und treffend* geschrieben? Bei zu umfangreicher Darstellung oder umständlicher Formulierung verliert man das Wichtige aus dem Auge. Doch Vorsicht: Prägnanz darf nicht mit Telegrammstil verwechselt werden.

Zahl und Art der Informationen richten sich dabei immer nach dem Leser. Kennt er den Sachverhalt zum Beispiel kaum oder überhaupt nicht, müssen Sie ihm Erläuterungen, Erklärungen und Hintergrundwissen zur Verfügung stellen.

Die Bedürfnisse des Lesers beachten

Die meisten Leser freuen sich über kurze Texte, die alle wichtigen Informationen enthalten. Dagegen wirken überflüssige und ausufernde Formulierungen nicht kundenorientiert und sogar unhöflich. Mit zunehmender Textlänge *sinkt die Lesemotivation*.

Mit kurzen Briefen sparen Sie Arbeit und Sie strapazieren die Zeit Ihrer Leser nicht unnötig. Übrigens: Prägnante Texte wirken meistens überzeugender als aufgeblähte Schreiben.

Höhere Überzeugungskraft

P

Prägnanz zeichnet aus:
- Konzentration auf wesentliche Inhalte
- knappe und treffende Ausdrucksweise

Sie werden jetzt vielleicht denken: „So knappe Texte sind doch steril, regen nicht zum Weiterlesen an und werden genau deshalb schwer verstanden." Richtig! Dieses Minus korrigiert der vierte „Verständlichmacher": *Anregung*.

Berücksichtigen Sie den Leser

Begehen Sie nicht den Fehler, Ihre Leser einfach in Schubladen zu stecken. Machen Sie sich ein möglichst *umfassendes Bild*. Auch wenn Sie nicht alle Fragen klären können, so schreiben Sie doch *leserorientierter* als ohne jede Leseranalyse. Entscheidend ist, dass Sie sich überhaupt mit Ihrem Gegenüber auseinandersetzen. Es ist immer ratsam, sich wichtige Information vor dem Schreiben zu beschaffen.

Mit diesen *Fragen* stellen Sie sich am besten auf Ihre Leserin oder Ihren Leser ein:

Was kann der Leser?

- Kennt der Leser den Sachverhalt und versteht er ihn?
- Kann er mit den Begriffen oder mit den Abkürzungen umgehen?
- Welche Ausbildung, welches Sprachniveau und welche Allgemeinbildung hat er?

Was will der Leser?

- Welche Erwartungen und Bedürfnisse hat Ihr Leser?
- Welches Ziel oder welche Ziele verfolgt er?
- Interessiert er sich für Ihren Sachverhalt oder nicht?

Situation des Lesers

- Wie ist seine Situation: Hat er Entscheidungsbefugnis, verfügt er über Geld?
- Wie ist seine innere Verfassung: Welche Gefühle bewegen ihn, leidet er unter Stress?
- Wie ist sein Verhältnis zur Firma und/oder zum Schreiber?

TIPP Ist Ihr Schreiben fertig, so sollten Sie es – gerade bei „kniffligen" Inhalten – bewusst noch einmal aus der Perspektive des Adressaten und am besten laut lesen. Sie werden sehen, in der einen oder anderen Passage könnten Sie noch leserorientierter formulieren. Lassen Sie zum Beispiel eine überflüssige Information weg und liefern Sie an einer anderen Stelle noch einen notwendigen Inhalt nach.

Effizient und kundenorientiert schreiben

Anregung

Warum werden viele Briefe nicht oder nur teilweise gelesen? Weil *Anregungen* fehlen: Beim Leser wird kein Interesse geweckt oder er fühlt sich nicht ernst genommen.

Dieses Merkmal entscheidet oft darüber, ob Sie Ihren Leser mit dem Text überhaupt erreichen und später die gewünschte Reaktion auslösen. Im Vordergrund steht hier Motivation, nicht die eigentliche Verständlichkeit.

Anregende Texte sind erfolgreicher

Was sind anregende Formulierungen?

Persönlich schreiben:

- Verwenden Sie – wenn Sie ihn kennen – bei der *Anrede* den *Namen*.
- Modern ist der „*Sie-Stil*": *Sie erhalten unser Angebot.*

„Sie-Stil"

Höflich formulieren:

- Nutzen Sie die Kraft der Zauberwörter *bitte* und *danke*.
- Vermeiden Sie *wir* am Brief- und Satzanfang.

Bitte und danke

Abwechslungsreich gestalten:

- Arbeiten Sie auch mit *Satzzeichen* wie Doppelpunkt, Gedankenstrich, Fragezeichen und Ausrufezeichen.
- Wechseln Sie bei der *Satzlänge* und beim *Satzbau* ab.
- Vermeiden Sie *Wortwiederholungen*.
- Gehen Sie mit *Aufzählungen* und *Tabellen* heraus aus dem gewohnten Satzmuster.

Schreiben Sie individuell

> **Anregung** bedeutet:
> - persönlich schreiben,
> - höflich formulieren,
> - abwechslungsreich gestalten.

A

So schreiben Sie anregend

Der Anfang ist wichtig

Leiten Sie nach der Anrede positiv ein.

Vielen Dank für Ihr Schreiben.

Für Ihre schnelle Antwort vielen Dank.

Vielen Dank für Ihre detaillierten Informationen.

Ihre Information hat uns sehr geholfen – vielen Dank!

Der Leser im Mittelpunkt

Verwenden Sie statt des „Wir-Stils" den „Sie-Stil":

Statt *Wir schicken Ihnen …* besser *Sie erhalten von uns …*

Statt *Wir möchten Sie über … informieren* besser *Sie bekommen über … Informationen.*

Statt *Wir würden Sie gerne überzeugen von …* besser *Sie können sich gern von … überzeugen.*

Statt *Wir kommen Ihnen gerne mit 5 % Rabatt entgegen* besser *Sie erhalten 5 % Rabatt von uns.*

Bedanken Sie sich nach Ihrer Bitte:

Vielen Dank.

Für Ihre Hilfe vielen Dank!

Vielen Dank für Ihre Unterstützung.

Für Ihre Mitarbeit vielen Dank.

Der letzte Eindruck bleibt

Beenden Sie Ihr Schreiben positiv:

Wir freuen uns auf eine gute Zusammenarbeit mit Ihnen.

Auf die gemeinsame Tagung mit Ihnen freuen wir uns.

Wir wünschen Ihnen ein schönes Wochenende.

Erholsame Urlaubstage wünsche ich Ihnen.

Ich wünsche Ihnen schöne Ostertage.

Viel Erfolg mit Ihrem X-Produkt.

Mit einem *Ausrufezeichen* können Sie Ihre Aussage verstärken.

Effizient und kundenorientiert schreiben

Die vier Verständlichmacher auf einen Blick

Einfachheit

E

- Geläufige Wörter, Fachwörter erklären
- kurze Sätze und einfacher Satzbau
- konkret und anschaulich formulieren
- aktiv, positiv und modern schreiben

Struktur

S

- Folgerichtig und logisch aufbauen
- inhaltlich und optisch gut gliedern
- Wesentliches sprachlich und optisch hervorheben

Prägnanz

P

- Nur das Wesentliche behandeln
- knapp und treffend formulieren

Anregung

A

- Persönlich schreiben
- höflich formulieren
- abwechslungsreich gestalten

Brief- und Faxbesprechungen mit Verbesserungsvorschlägen

**Beispiel:
Leseverhalten**

Schauen wir einmal Lesern über die Schulter. Wie reagieren die meisten, wenn sie ein schlecht verständliches Schreiben bekommen? Ein nichts sagender Betreff weckt zunächst kein besonderes Interesse. Der umständliche Briefeinstieg – beginnend mit *bezugnehmend auf Ihr Schreiben vom ...* – wird vom Gefühl her negativ bewertet.

Nun folgt ein Bandwurmsatz, der selbst beim wiederholten Lesen nicht zu verstehen ist. – Also ein weiteres Mal die Note „ungenügend". Nun keimt beim Leser der dringende Verdacht, dass die Textqualität eher noch schlechter als besser wird. Dabei ist der Brief noch lange nicht zu Ende.

Was glauben Sie, wie lange die zunächst hohe *Lesemotivation* anhält? Die meisten Leser beginnen – Erfahrungen zeigen dies – relativ bald, die nächsten Gedanken und sogar ganze Absätze zu überfliegen. Manche legen das Schreiben dann schon zur Seite. So kann der Inhalt nicht übermittelt werden und die gewünschte Reaktion bleibt aus. Das Korrespondenzziel wird – trotz des oft hohen Aufwands – nicht erreicht.

Geschäftsvorgänge dürfen doch nicht ignoriert werden – so die gängige Meinung. Dabei erleben dies täglich tausende von Werbebriefen, Bewerbungsschreiben, Angebote oder Mahnschreiben. Jeder von uns hat schon Briefe ungelesen oder nur zum Teil gelesen in den Papierkorb geworfen. Auch im Gespräch oder beim Telefonieren verhalten wir uns ähnlich. Spricht uns nicht an, was unser Gegenüber uns mitzuteilen hat, dann schalten wir schnell ab, widmen uns interessanteren Inhalten. Dies ist eine natürliche Reaktion.

**Deutliche
Vorteile für ein
Unternehmen**

Im Unterschied dazu erhöht eine qualitativ hochwertige Korrespondenz die Aufmerksamkeit erheblich. Weitere Vorteile: Die Adressaten verstehen den ganzen Inhalt und haben damit überhaupt die Chance, sich nach den Wünschen der Schreiber zu richten. Nicht nur das Produkt bzw. die Dienstleistung, sondern auch das Image des Unternehmens werden dadurch aufgewertet.

Wollen Sie die Qualität Ihrer Korrespondenz gezielt erhöhen? Wir zeigen Ihnen Satz für Satz an Briefen und Faxen aus unterschiedlichen Branchen die Verbesserungsmöglichkeiten. Danach präsentieren wir Ihnen unsere Musterlösungen, die wir ebenfalls ausführlich besprechen. Ein Vergleich mit dem Originaltext verdeutlicht Ihnen abschließend die Schwächen im ursprünglichen Schreiben und die Stärken der verbesserten Fassung. Sie erleben also bei jeder Besprechung, welch ungeahntes Verbesserungspotenzial in den Originaltexten steckt, und sehen danach die kundenfreundliche Variante.

TIPP Es ist nicht zwingend, dass Sie die Texte in der vorgegebenen Reihenfolge durcharbeiten. Gehen Sie nach Ihrem Interesse vor. Kopieren Sie bei Bedarf eine Textfassung, damit Sie beide Schreiben besser miteinander vergleichen können.

Abkürzungen und Symbole

Die zwölf *Original-Briefe und -Faxe* sind von 1 bis 12 durchnummeriert. Die entsprechende verbesserte Fassung hat die Kennzeichnung 1A, 2A, 3A usw. Der Vorteil: Sie finden schnell die dazugehörende Verbesserung zum Original und können die Texte gut vergleichen.

In den Kommentaren zeigen Ihnen die *Anfangsbuchstaben der vier Verständlichmacher* an der rechten Randleiste, welcher dieser Verständlichmacher im Originaltext vernachlässigt oder in der überarbeiteten Fassung angemessen berücksichtigt wird.

E = Einfachheit
S = Struktur
P = Prägnanz
A = Anregung

In manchen Textpassagen müssten wir eigentlich auf zwei Verständlichmacher gleichzeitig hinweisen. Dies wäre zu unübersichtlich. In diesen Fällen entscheiden wir uns für einen Verständlichmacher. Wenn es also beispielsweise bei einer Doppelaussage um Einfachheit oder um Prägnanz geht, geben wir aufgrund unserer Seminarerfahrung der Prägnanz den Vorzug.

[...] = Kommentar

Eckige Klammern [...] bringen einen Kommentar oder eine Bemerkung zum vorangegangenen Text.

Textlängen-vergleich

Jeweils am Schluss einer ausführlichen Besprechung vergleichen wir die Textlänge des Originals mit der verbesserten Fassung. Dabei zählt ein Wort als *eine* Information, ein Datum *26.05.JJ* als *drei* Informationen, *Ganter GmbH* als *zwei* Informationen.

Schreibweise des Datums

DIN 5008, auf die wir uns bei der Textgestaltung immer wieder beziehen, regelt auch die Schreibweise des Datums neu: Statt 01.03.JJ nun JJ-03-01 oder statt 01.03.JJJJ nun JJJJ-03-01. Diese Form der Datumschreibweise ist vor allem *international* verständlich. Sie hat sich in den deutschsprachigen Ländern nicht eingebürgert, weil sie das flüssige Lesen erschwert. Waize und Hastedt (siehe Literaturverzeichnis) empfehlen sie deshalb nur für *grenzüberschreitenden Schriftverkehr*, denn die neue DIN baut auf der Europäischen Norm DIN EN 28601 auf. Die Schreibweise 1. März JJJJ ist von dieser neuen Regelung nicht betroffen. Bei den Original-Briefen und -Faxen dieses Buches halten wir uns an die *alte Schreibweise*, weil die Briefe und Faxe nicht in andere Länder geschickt werden.

Brief- und Faxbesprechungen mit Verbesserungsvorschlägen

1

Firma
Hydraulik-Hintermaier GmbH & Co. KG
Abteilung Weiterbildung
z. Hd. Frau Huber
Bahnhofstr. 130

70185 Stuttgart

Ihr Zeichen, Ihre Nachricht vom	Unser Zeichen, unsere Nachricht vom	Telefon	München
26.06.JJ	Hartmann	089/44 44 86	30.06.JJ

Sehr geehrte Frau Huber,

wir möchten uns recht herzlich für die uns
zugesandten Unterlagen bedanken.

Vorab können wir Ihnen noch keine Teilnehmer
mitteilen.

Da viele Mitarbeiterinnen und Mitarbeiter sich
zur Zeit im Urlaub befinden, wollen wir diese
Zeit abwarten. Nach Einsichtnahme aller Mitarbeiter in das Schulungsprogramm werden wir uns
dann, sicherlich mit vielen Anmeldern, wieder an
Sie wenden.

Mit freundlichen Grüßen
Geräte GmbH

Hartmann

Hartmann

Analyse des Original-Briefs

Optik und Form

Oft entscheidet der erste optische Eindruck darüber, ob ein Schreiben überhaupt gelesen wird und wie intensiv wir uns damit beschäftigen. Deshalb analysieren wir bei allen Texten zunächst diesen Aspekt. Welche Punkte fallen beim Original positiv und negativ auf?

Der Brief ist kurz und in drei Absätze gegliedert. Dies empfinden die meisten Leserinnen und Leser als motivierend. Auf den zweiten Blick werden Verbesserungsmöglichkeiten deutlich: Der *rechte Rand* verläuft zu unruhig.

TIPP Achten Sie auf einen harmonischen rechten Rand. Lassen Sie außerdem ausreichend Platz (etwa 2,5 cm), damit sich Ihre Leser Notizen machen können.

Die Schrift des Originals hinterlässt bei vielen Lesern einen antiquierten Eindruck, weil sie an die gute alte Schreibmaschine erinnert. Im Zeitalter des PC wird diese Schrift immer weniger verwendet.

Moderne Schrift verwenden

TIPP Wählen Sie – wenn dies in Ihrem Unternehmen möglich ist – eine einfache, klare und moderne Schrift.

Stichwortsatz formulieren

Immer häufiger wird der *Betreff* – eine Art Überschrift – fett gedruckt. Auch die gültige DIN 5008 „Schreib- und Gestaltungsregeln für die Textverarbeitung" empfiehlt dies. Welchen Vorteil bietet dieser stichwortartige Betreff? Ihr Leser erfährt sofort den inhaltlichen Schwerpunkt und kann die Bedeutung des Schreibens einschätzen. Schon dies ist praktizierte Kundenorientierung.

TIPP Schreiben Sie auch bei kurzen Texten einen aussagekräftigen Betreff.

Im Beispiel fehlt der Betreff: Der Text hängt zu weit oben, die Briefseite ist nicht gut ausgenutzt.

Brief- und Faxbesprechungen mit Verbesserungsvorschlägen

Wir machen einen Sprung nach unten: In der nächsten Zeile nach dem *Gruß* folgt der *Firmenname*. Nach DIN 5008 ist dies nicht richtig.

DIN 5008 beachten

TIPP Heben Sie den Namen Ihrer Firma durch eine Leerzeile nach dem Gruß optisch hervor.

Schauen wir uns noch einige Kleinigkeiten im Adressfeld an, die ebenfalls in dieser DIN behandelt werden. Überflüssig ist die Bezeichnung *Firma*, denn in der nächsten Zeile wird die Rechtsform *GmbH & Co. KG* genannt.

Anschrift: *Firma* ist überflüssig

Sachlich nicht notwendig ist die Abkürzung *z. Hd.*, sie kommt seit Jahren mehr und mehr aus der Mode.

z. Hd. weglassen

Schreiben Sie – nicht nur bei häufig vorkommenden Nachnamen – auch den *Vornamen*. Eine vollständige Namensnennung wird meistens positiv bewertet. Kennen Sie den Vornamen nicht, dann schauen Sie in die Unterlagen oder fragen Sie nach.

Vor- und Zunamen schreiben

Der Straßenname wurde abgekürzt: *Bahnhofstr.*, obwohl damit nur zwei Zeichen gespart werden.

TIPP Optisch besser sieht es aus, wenn der Straßenname – oft die einzige Abkürzung in der Anschrift – ausgeschrieben wird.

Inhalt und Sprache

Wie gehen wir bei den sprachlich stilistischen Aspekten vor? Die Originalaussagen werden nacheinander vorgestellt und – fast so ausführlich wie in unseren Korrespondenz-Seminaren – mit Ihnen besprochen.

Sehr geehrte Frau Huber,

wir möchten uns recht herzlich für die uns zugesandten Unterlagen bedanken.

A
Positiv einleiten

Positiv: Gleich am Anfang kommt ein Dank, der jedoch nicht gut verpackt ist. Stellen Sie sich nicht mit dem Begriff *wir* an den Anfang. Sie können Ihren *Dank psychologisch geschickter* formulieren: *vielen Dank für Ihre Unterlagen.* Jetzt klingt es freundlicher und mit *Ihre* auch persönlich.

P
Überflüssiges weglassen

Warum *möchten bedanken*? Sie tun es doch schon. Viele glauben, dass diese Formulierung besonders höflich klingt. Jedes überflüssige Wort schwächt jedoch die beabsichtigte Wirkung ab. Genauso verhält es sich mit *recht herzlich*: Lassen Sie *recht* weg.

Nur bei einer besonders guten Beziehung zu Ihrer Leserin oder Ihrem Leser passt *herzlichen Dank für …* In den meisten Fällen – so auch hier – eignet sich die Standard-Formulierung *vielen Dank für … am besten.*

P
Doppelaussage

In der Passage *… für die uns zugesandten Unterlagen* steckt ein „weißer Schimmel": *uns zugesandten* ist überflüssig. Warum? Hätten wir die Unterlagen nicht bekommen, könnten wir nicht reagieren.

E
Konkret formulieren

Unterlagen wird sehr häufig benutzt. In diesem Fall lässt sich dies durch *Programme* oder *Informationen* ersetzen. Gerade beim ersten Satz sollte nicht der Eindruck einer Floskel entstehen.

Vorab können wir Ihnen noch keine Teilnehmer mitteilen.

E
Positiv formulieren

Warum negativ? Einfachheit verlangt – wenn möglich – positive Aussagen. Beispiel: *Sie erhalten unsere Teilnehmerliste bis Ende August.* Damit kennt die Leserin das weitere Vorgehen, weiß, bis zu welchem Zeitpunkt sie neue Informationen bekommt. Deshalb ist eine Nachfrage überflüssig. Beide Seiten sparen so Zeit.

A
Schreiben Sie im „Sie-Stil"

Moderne Korrespondenz bevorzugt statt des „Wir-Stils" den „Sie-Stil". Beispiel: Statt *Wir schicken Ihnen eine Teilnehmerliste* besser *Sie erhalten eine Teilnehmerliste.*

Der „Sie-Stil" ist eine gute Möglichkeit, die Leser als Partner zu behandeln. Da der Schreiber aus deren Perspektive formuliert, fühlen sich die Leser besser angesprochen. Außerdem motivieren *Sie* zum Weiterlesen.

Partnerschaftlich bedeutet, bei Bedarf *Begründungen* zu geben. Dadurch erhöht sich die Verständlichkeit und die Bereitschaft steigt, sich im Sinne des Schreibers zu verhalten.

Brief- und Faxbesprechungen mit Verbesserungsvorschlägen

Da viele Mitarbeiterinnen und Mitarbeiter sich zur Zeit im Urlaub befinden, wollen wir diese Zeit abwarten.

Jetzt kommt die *Begründung*. Diese können wir mit der letzten Aussage verbinden. Vorschläge: *Sie erhalten die Teilnehmerliste bis …, da gerade viele Mitarbeiterinnen und Mitarbeiter im Urlaub sind.* Oder: *Wegen der Urlaubszeit erhalten Sie die Teilnehmerliste bis …*

Die Formulierung im letzten Satzteil *wollen wir abwarten* verfälscht den Sachverhalt, wie auch der Satz davor zeigt. Richtig ist: Die Teilnehmerliste *kann* ja erst nach dem Urlaub vervollständigt werden.

Keine Widersprüche, sachlogisch argumentieren

Nach Einsichtnahme aller Mitarbeiter in das Schulungsprogramm werden wir uns dann, sicherlich mit vielen Anmeldern, wieder an Sie wenden.

Unsere Leserin setzt als selbstverständlich und logisch voraus, dass dieses Programm allen Mitarbeitern zugänglich gemacht wird. Andererseits kann sie nicht prüfen, ob wirklich alle das Programm kennen. Was spricht also für diese Formulierung? Nichts!

Legt man die Aussage *sicherlich mit vielen Anmeldern* auf die Goldwaage, dann könnte es zu einem Missverständnis kommen: Die meisten Leser erwarten dann vielleicht mehrere Schulungen. Was aber, wenn nur ein Kurs oder keiner zustande kommt?

**P
Internes weglassen**

TIPP Bleiben Sie realistisch und partnerschaftlich. Ihre Leser haben ein Recht darauf. Selbst wenn Sie das Gefühl haben, mehr versprechen zu müssen, als Sie tatsächlich halten können.

Wecken Sie keine unrealistischen Erwartungen

Fazit: Der Original-Brief wäre ohne die überflüssigen und umständlichen Passagen deutlich kürzer und damit wesentlich kundenfreundlicher.

TIPP Überlegen Sie genau, was Sie sagen und erreichen wollen, bevor Sie schreiben. Wenn Sie die notwendigen Informationen verständlich und prägnant mitteilen, wirkt das Schreiben nicht nur überzeugender, sondern auch die Beziehung zum Leser wird positiv beeinflusst.

Vor dem Schreiben denken

Geräte GmbH · Luisenstraße 12 · 80123 München

Hydraulik-Hintermaier GmbH & Co. KG
Weiterbildung
Frau Silvia Huber
Bahnhofstraße 130

70185 Stuttgart

Ihr Zeichen, Ihre Nachricht vom	Unser Zeichen, unsere Nachricht vom	Telefon	München
26.06.JJ	ha	089-44 44 86	30.06.JJ

Schulungsbedarf für 1998 wird ermittelt

Guten Tag, sehr geehrte Frau Huber,

vielen Dank für Ihr Angebot und die detaillierten Informationen.

Bitte planen Sie **ein Seminar** im Oktober ein. Unsere vollständigen Terminwünsche bekommen Sie wegen der Urlaubszeit jedoch erst Anfang **September.**

Freundliche Grüße nach Stuttgart

Geräte GmbH

Monika Hartmann

Monika Hartmann

Kommentar zur Verbesserung

Optik und Form

S

Der optische Eindruck ist gut – allerdings gewöhnungsbedürftig. Bei diesem Brief sind die Zeilen bewusst kurz gehalten und 1,5-zeilig. Nach den Angaben in der Bezugszeichenzeile folgen drei Leerzeilen. Damit gewinnt der Text an Form und die Seite ist ansprechend gestaltet.

1,5-zeiliger Zeilenabstand bei kurzen Briefen

Der Betreff und die zwei wichtigsten Informationen im Text sind fett gedruckt.

Fettdruck nutzen

In der Anschrift sind eine Reihe von überflüssigen Worten weggelassen: *Firma*, *Abteilung* und die veraltete Kurzform *z. Hd.* Dafür erscheint zusätzlich der Vorname. Dies wirkt persönlich und wird von der gültigen DIN 5008 bevorzugt.

Moderne Anschrift

Der ausgeschriebene Name bei „Unser Zeichen" – im Original-Brief stand *Hartmann* – ist jetzt auf ein zeitgemäßes Kürzel reduziert: *ha*.

Inhalt und Sprache

Gehen wir jetzt den Inhalt der verbesserten Fassung Satz für Satz durch und beginnen beim Betreff.

Schulungsbedarf für 1998 wird ermittelt

Der *Betreff*, ein aussagefähiger Stichwortsatz, fällt durch den Fettdruck sofort auf. Schon hier ist die Leserin – was den Hauptinhalt des Schreibens angeht – im Bilde.

Guten Tag, sehr geehrte Frau Huber,

vielen Dank für Ihr Angebot und die detaillierten Informationen.

Ein Kompromiss ist die *Anrede*, noch moderner wäre: *Guten Tag, Frau Huber*.

E

Moderne Anrede

Beim ersten Satz formuliert die Schreiberin positiv – *vielen Dank* –, persönlich und konkret: *Ihr Angebot, detaillierten Informationen.*

Bitte planen Sie ein Seminar im Oktober ein.

P
Positive
Informationen
mitteilen

Im Unterschied zum negativen Inhalt im Original bringt der zweite Satz etwas *Positives*, eine Zusage. Ein Seminar findet sicher statt, es soll im Oktober durchgeführt werden. Partnerschaftlich ist es, über den aktuellen Stand zu informieren. Damit verhindern Sie oft eine Rückfrage der Leserin, die ja die Weiterbildung rechtzeitig planen muss.

Unsere vollständigen Terminwünsche bekommen Sie wegen der Urlaubszeit jedoch erst Anfang September.

A
Begründen Sie

Im dritten und letzten Satz wird die Möglichkeit angedeutet, dass ein Seminar nicht ausreicht und mit weiteren Seminaren zu rechnen ist: *vollständigen Terminwünsche.* Die Begründung schließt sich an: *wegen der Urlaubszeit.*

A
„Sie-Stil"nutzen

Danach folgt die Hauptinformation mit der Zeitangabe *Anfang September.* Worauf weist die Formulierung *jedoch erst* hin? Die Terminliste ist vermutlich für einen früheren Termin zugesagt worden. Auch dieser Satz wirkt persönlich: *Unsere ... bekommen Sie.*

E
Moderne
Unterschrift

Freundliche Grüße nach Stuttgart

Geräte GmbH

Monika Hartmann

E
Verabschieden Sie
sich modern

Der *Gruß* weicht ab von der Standard-Verabschiedung *Mit freundlichen Grüßen.* Dadurch, dass Sie *nach Stuttgart* grüßen, schreiben Sie empfängerorientiert und individuell.

Die Tendenz, mit *Vornamen und Nachnamen* zu unterschreiben, wird von der DIN 5008 (1996) bevorzugt. Schon an der *Unterschrift* erkennen wir, dass eine Frau den Brief verfasst hat. Ein ange-

Brief- und Faxbesprechungen mit Verbesserungsvorschlägen

nehmer Nebeneffekt: Beim nächsten Schreiben ist eine falsche Anrede mit *Herr* nahezu ausgeschlossen.

Und noch ein **Pluspunkt**, wenn der Vorname bei häufig vorkommenden Nachnamen schon im Adressfeld genutzt wird: Der zusätzliche Vorname trägt wesentlich dazu bei, dass der „richtige" Herr Müller oder Herr Meier seine Informationen so schnell wie möglich bekommt. Es gibt keine zeitraubenden Umwege über andere Müllers oder Meiers, die ebenfalls in der Abteilung arbeiten.

Wie sieht ein Vergleich der beiden Textlängen – Original und verbesserte Fassung – einschließlich Gruß aus?
Originalbrief ohne Betreff: 61 Informationen – *Verbesserung mit Betreff:* 44 Informationen.
Kürzung: 28 Prozent
Genau genommen ist das Ergebnis noch besser, denn im Original fehlen der Betreff und die Zeitangabe *Anfang September.*
Realistisch gerechnet also liegt die *Kürzung bei über 30 Prozent.*

Textlängenvergleich

2

An: Schlehdorn & Hess AG
        z. Hd. Hr. Westermann
        Postf. 2244
        81234 Kempten

zu Hd. von: Hr. Westermann, Hr. Dangel
von: Hr. Kruse   Telefon: (0511) 567-4033
Seite: 1   Seiten gesamt: 2
Datum: 13.12.JJ
Verteiler: Fr. Fröhlich
Betrifft: Schmierstoffe

Sehr geehrte Herren,

hiermit muss ich Ihnen leider mitteilen, dass die durchgeführten Versuche
nicht zu den gewünschten Ergebnissen führten. Dieses liegt nicht an den
freundlichst zur Verfügung gestellten Proben, sondern an den zu hohen bzw.
falschen Erwartungen an das zu prüfende System.

Ich hoffe, dass wir Ihnen mit der Bemusterung nicht zu viel Arbeit gemacht
haben und verbleibe bis auf weiteres

mit freundlichen Grüßen

Erwin Kruse

Anlage:
Messergebnisse

Analyse des Original-Fax

Faxkopf

Überzeugt Sie diese optische Struktur? Die Informationen wirken uneinheitlich und zusammengewürfelt.

Beim Fax ist es völlig unüblich, die Postanschrift zu verwenden. Gleichzeitig fallen drei Abkürzungen unangenehm auf: *z. Hd.*, *Hr.* und *Postf.*

Abkürzungen vermeiden

Der *Block* darunter weicht von der Struktur der Anschrift ab. Alle Informationen beginnen am linken Zeilenanfang. Die weiter nach rechts gerückten Informationen dagegen – *Telefon:* und *Seiten gesamt:* – hängen in der Luft.

Struktur vorher überlegen, Faxformular ausarbeiten

Bei genauerem Hinsehen fällt auf, dass der Adressat *Hr. Westermann* zweimal genannt wird. Dahinter folgt ein zweiter Ansprechpartner: *Hr. Dangel*. Diese Informationen gehören sachlich zum Adressblock. Wie oben wird mehrmals die Abkürzung *Hr.* verwendet. Auch die übernächste Zeile enthält eine überflüssige Angabe: *Seite*, *Seiten gesamt*. Ein einmaliger Hinweis auf die Seitenzahl genügt. Der *Verteiler* – *Fr. Fröhlich*, besser: *Frau Fröhlich* – gehört unter den Anlagenvermerk.

Wiederholungen

Die letzte Zeile dieses Blocks *Betrifft:* ist an dieser Stelle fehl am Platz. Der *Betreff* muss deutlich abgesetzt sein und gehört zum Text; das Wort *Betrifft* wird nicht mehr verwendet.

Betreff richtig platzieren

Faxtext

Insgesamt ist die Schriftgröße zu klein. Der knappe Inhalt wird auf wenige – aber zu lange – Zeilen verteilt. Statt 1-zeiligem *Abstand* sollte bei diesem kurzen Text 1,5-zeilig gewählt werden. Außerdem muss der Text mit einem Punkt abgeschlossen sein; er darf nach DIN 5008 nicht mit dem Gruß verbunden werden.

Schriftgröße und Zeilenlänge

Auch beim Fax hat es sich bei der Anrede durchgesetzt, den oder die Namen der Empfänger zu schreiben.

Persönliche Anrede

Und noch eine Kleinigkeit aus der DIN: Beim Anlagenvermerk ist kein Doppelpunkt notwendig.

Korrekter Anlagenvermerk

Fax-Mitteilung

an		**von**
Name	Herrn Westermann	Herrn Kruse
	Herrn Dangel	
Firma	**Schlehdorn & Hess AG**	Ganter GmbH
Abteilung	Entwicklung	Entwicklung
Telefon	08 34 – 750-23	05 11 – 567-40 33
Fax	08 34 – 750-24	05 11 – 567-40 35
Seite(n)	insgesamt: 2	Datum: 13.12.JJ

. . . .

Untersuchungsergebnisse für Schmierstoffe
Ihr Anruf vom 11.12.JJ

Sehr geehrter Herr Westermann,
sehr geehrter Herr Dangel,

gerade habe ich die Daten bekommen.

Für die unbefriedigenden Resultate sind jedoch nicht die von
Ihnen zur Verfügung gestellten Proben verantwortlich.
Unsere gemeinsamen **Erwartungen** an das Prüfsystem waren
zu hoch.

Ich bin sicher, dass wir „besser fahren", wenn wir beim
nächsten Projekt die Prüfbedingungen vorher noch genauer
analysieren.

Mit freundlichen Grüßen

Ganter GmbH

Erwin Kruse
Erwin Kruse

Anlage
Messergebnisse

Verteiler
Frau Fröhlich

Kommentar zur Verbesserung

Um Ihnen Anregung beim Lesen zu bieten, haben wir auf einen ausführlichen Kommentar zum Text des Original-Fax verzichtet. Da die Optik im Mittelpunkt stand, überspringen wir diesen Aspekt jetzt und beginnen gleich mit dem Text.

Inhalt und Sprache

Untersuchungsergebnisse für Schmierstoffe
Ihr Anruf vom 11.12.JJ

Mit diesem Betreff erfahren die Leser sofort, dass die erwarteten Ergebnisse der Untersuchung im Text folgen werden, und woran Herr Kruse anknüpft.

E
Aussagefähiger Betreff

Hintergrundinformation: Vor zwei Tagen erst hat Herr Westermann, Abteilungsleiter, angerufen. Seine Bitte war, ihm oder seinem Stellvertreter, Herrn Dangel, dem Gruppenleiter, die Resultate der Versuchsreihe so bald wie möglich per Fax mitzuteilen.

Sehr geehrter Herr Westermann,
sehr geehrter Herr Dangel,

gerade habe ich die Daten bekommen.

Der Vorgesetzte wird vor seinem Mitarbeiter genannt, jedem wird eine Zeile eingeräumt. Wären beide auf der gleichen Hierarchieebene, müssten wir nach dem Alphabet vorgehen: Dangel vor Westermann.

A
Korrekte Anrede

Ein kurzer Anfang, bei dem jedes Wort gut überlegt ist. Der von Herrn Kruse – Absender des Fax – gewählte Einstieg *beweist* sein *schnelles Handeln*. Darum haben ihn seine Geschäftspartner schließlich gebeten.

Für die unbefriedigenden Resultate sind jedoch nicht die von Ihnen zur Verfügung gestellten Proben verantwortlich.

Schon der zweite Satz transportiert die wichtigsten zwei Informationen für die Leser: Das Ergebnis der Untersuchung ist unbefriedigend; einzelne Messergebnisse enthält die Anlage. Eine Ursache dafür wird sofort ausgeschlossen: Es liegt nicht an den Proben.

Gleichzeitig ist die Anforderung, persönlich zu schreiben mit den Worten *von Ihnen zur Verfügung gestellten* eingelöst. Kürzer, aber deutlich nüchterner wäre: *… jedoch nicht die Proben verantwortlich.*

Jedoch nimmt der negativen Aussage die Schärfe und deutet an, dass die Ursache noch genannt wird.

Unsere gemeinsamen **Erwartungen** an das Prüfsystem waren **zu hoch.**

Die Verantwortung für das negative Ergebnis schiebt Herr Kruse nicht der anderen Seite in die Schuhe, im Gegenteil, er betont die *Gemeinsamkeit*. Ohne Umschweife nennt er die konkrete Ursache: die zu hohen Erwartungen an das Prüfsystem.

Ich bin sicher, dass wir „besser fahren", wenn wir beim nächsten Projekt die Prüfbedingungen vorher noch genauer analysieren.

Abschließend sollen sehr zuversichtliche Gedanken bewirken, dass sich eine zu negative Sicht der Dinge gar nicht erst einstellt. Die bildhafte, legere und motivierend wirkende Formulierung *dass wir besser fahren* unterstreicht wieder die Gemeinsamkeit.

Mit freundlichen Grüßen

Ganter GmbH

Erwin Kruse

Anlage
Messergebnisse

Verteiler
Frau Fröhlich

Brief- und Faxbesprechungen mit Verbesserungsvorschlägen

Zu den formal richtigen Angaben nach den Grüßen kommt neben dem *Anlagenvermerk* noch ein *Verteiler* mit einem Namen. Der Fettdruck – wieder eine Empfehlung der DIN 5008 – hebt beide Begriffe gut hervor. *Frau Fröhlich*, die bei diesem Projekt einbezogen ist, muss natürlich die neuesten Informationen schnell bekommen.

Einmal mehr sehen wir, wie stark *Korrespondenz und Arbeitstechnik* miteinander verzahnt sind.

S
Verteiler einsetzen, falls erforderlich

Textlängenvergleich

Machen wir wieder den obligatorischen Vergleich der Textlängen. Allerdings dürfen die Texte nicht direkt verglichen werden. Warum? Im Original werden mindestens drei Punkte vernachlässigt:

- Der Betreff besteht nur aus einem Begriff: *Schmierstoffe*.
- Der Bezug fehlt: *Ihr Anruf vom 11.12.JJ*.
- Die Anrede ist kürzer, weil die Namen nicht benutzt werden: *Sehr geehrte Herren*.

Was kommt heraus, wenn man diese *Fehler* im Original – sie entsprechen 14 fehlenden Informationen – berücksichtigt?

Original: 67 + 14 = 81 Informationen –

Verbesserung: 73 Informationen.

Kürzung: 10 Prozent

Sie sehen, nebenbei haben wir mit Anwendung der vier Verständlichmacher einen *Spareffekt* erzielt, der sich sehen lassen kann. Und dies, obwohl der Original-Text schon sehr kurz ist.

3

Positiv-Versicherung, Postfach 14 50, 01109 Dresden

Herr Pfisterer	Ihr Ansprechpartner
Burggasse 87	Herr Hähnel
72762 Reutlingen	

Ihr Zeichen/Ihre Nachricht vom	Telefon	Unser Zeichen	Datum
16.09.JJJJ	03 51-603-20 40	hä	26.9.JJJJ

Lebensversicherung Nr. 123456789: Unterschrift
Privatkunden-Abteilung

Sehr geehrter Herr Pfisterer,

wir bestätigen Ihnen den Erhalt des von Ihrer Tochter unterschriebenen ärztlichen Zeugnisses.

Jedoch ist die alleinige Unterschrift Ihrer Tochter nicht gültig,
da diese noch minderjährig ist und Sie als gesetzlicher Vertreter nicht unterschrieben haben.

Wir senden Ihnen deshalb nochmals eine Kopie zu, mit der
Bitte, diese als gesetzlicher Vertreter zu unterschreiben.

Wir haben für Sie die entsprechende Stelle deshalb nochmals
markiert.

Bitte schicken Sie uns die Kopie innerhalb der nächsten zwei
Wochen zurück.

Mit freundlichen Grüßen

Positiv-Versicherung

Erich Hähnel

(Erich Hähnel)

Analyse des Original-Briefs

Optik und Form

S

Ein großer Freiraum entsteht, weil die zwei Zeilen mit formalen Angaben unter der Bezugzeichenzeile als *Betreff* stehen. Nach sieben (statt zwei, drei oder vier) Leerzeilen folgt erst die Anrede. Dadurch zerfällt dieser Brief in zwei Teile.

TIPP Beginnen Sie den Betreff bei kurzen Briefen mindestens ein oder zwei Zeilen tiefer als gewöhnlich.

Das Absendedatum ist anders geschrieben als das Datum unter *Ihre Nachricht vom*.

TIPP Das *Datum* sollte *einheitlich* geschrieben werden. Modern ist, einstellige Tage oder Monate mit einer Null davor auf zwei Stellen aufzufüllen.

Modernes Datum: 02.03.JJ

Positiv: Der rechte Rand ist gut gestaltet. Dies wird hier durch gezielte Trennungen erreicht.

Der Verfasser unterschreibt mit Vor- und Zunamen. Er wiederholt auch, wie in der DIN 5008 empfohlen, beide Teile maschinenschriftlich. Klammern sind hier jedoch altmodisch und reduzieren – psychologisch gesehen – die Bedeutung der Person.

Moderne Unterschrift: Vor- und Zuname

Bei diesem Schreiben fehlt der *Anlagenvermerk*. Der Platz dafür wäre unten vorhanden, wenn Herr Hähnel – oberhalb und unterhalb des Betreffs – die richtigen Abstände eingehalten hätte.

Inhalt und Sprache

Lebensversicherung Nr. 123456789: Unterschrift
Privatkunden-Abteilung

Dieser Betreff hat für den Leser zu wenig Aussagekraft. *Unterschrift* kann mehrerlei bedeuten: Die Unterschrift steht an der falschen

E
Konkreter Betreff

Beispiel 3 41

Stelle, die Unterschrift fehlt, die Unterschrift ist unvollständig oder die falsche Person hat unterschrieben.

Sehr geehrter Herr Pfisterer,

wir bestätigen Ihnen den Erhalt des von Ihrer Tochter unterschriebenen ärztlichen Zeugnisses.

A
***Wir* am Anfang vermeiden**

Warum nicht mit einem Dank beginnen, denn Herr Pfisterer hat ja Unterlagen geschickt? Außerdem ist das *Wir* am Briefanfang psychologisch unvorteilhaft, weil man sich selbst − und nicht den Kunden − an die erste Stelle setzt. So wird kein Interesse beim Leser geweckt!

Außerdem sinkt die *Lesemotivation* dadurch, dass in diesem Satz Inhalte getrennt sind, die zusammengehören. Die dazwischengeschobene Zusatzinformation *des von Ihrer Tochter unterschriebenen* führt dazu.

TIPP Beginnen Sie Ihr Schreiben – wenn möglich – mit einem angemessenen Dank. Diese Bestätigung erhöht gleichzeitig die Lesemotivation. Lassen Sie den Dank für sich allein stehen. Er wirkt stärker, wenn Sie noch einen anderen Inhalt hinzufügen.

Jedoch ist die alleinige Unterschrift Ihrer Tochter nicht gültig, da diese noch minderjährig ist und Sie als gesetzlicher Vertreter nicht unterschrieben haben.

E
Positiv schreiben

Merken Sie, welcher Verständlichmacher hier nicht eingehalten wird? Einfachheit − und da speziell der Aspekt „positiv formulieren". Der verbesserte erste Teil klingt dann zum Beispiel so: *Damit dieser Vertrag gültig wird, ist noch Ihre Unterschrift als gesetzlicher Vertreter erforderlich.*

TIPP Mit positiven Aussagen motivieren Sie stärker zum Lesen und zur Umsetzung des gewünschten Verhaltens.

Die Formulierung *noch minderjährig* wirkt hier psychologisch sehr negativ − *minder* − und altmodisch. Schnell setzt man die Person mit einem Kind gleich. Besser wäre: *noch nicht volljährig* oder *noch nicht 18 Jahre*. Auch im letzten Teil wird der Sachverhalt aus einer negativen Perspektive beschrieben. Dabei wäre doch schon hier diese Aufforderung angebracht: *Bitte unterschreiben Sie als gesetzlicher Vertreter Ihrer Tochter die Kopie …*

Wir senden Ihnen deshalb nochmals eine Kopie zu, mit der Bitte, diese als gesetzlicher Vertreter zu unterschreiben.

Zum zweiten Mal beginnt ein Absatz mit *Wir* und damit rutscht die Bitte an den Leser an die zweite Stelle. Fast zwangsläufig setzen sich hier die *umständlichen Formulierungen* fort. Die Wendung *mit der Bitte, …* klingt altmodisch und lange nicht so überzeugend und höflich wie *Bitte unterschreiben Sie …*

> **A**
> „Sie-Stil" nutzen

    Aller guten Dinge sind drei. Das Verb *unterschreiben* taucht zum dritten Mal auf, und zwar als letztes Wort im Satz. Dabei ist diese Tätigkeit die wichtigste im ganzen Brief und sie sollte daher am Anfang stehen.

> **A**
> Wortwiederholung vermeiden

TIPP Nutzen Sie die Zugkraft einer modern formulierten Bitte. Sie beginnt mit *Bitte*. Folgt danach ein Dank – *Vielen Dank* oder *Danke* –, dann motiviert dies Ihren Leser noch mehr, das zu tun, was Sie von ihm wünschen.

Wir haben für Sie die entsprechende Stelle deshalb nochmals markiert.

Umgekehrt wäre es richtig: *Für Sie haben wir …* Damit vermeiden wir auch den dritten *Wir*-Beginn in fünf Sätzen.

    Außerdem zeigt sich spätestens jetzt, dass sich der Schreiber *keine Struktur* für diesen einfachen Sachverhalt überlegt hat. So geht er noch einmal „mit der Kirche ums Dorf"; den Inhalt *Stelle … markiert* hätte er im Satz davor einflechten können.

> **S**
> Vorher die Gliederung überlegen

    Und wir werden weiter fündig: *entsprechende Stelle*. Gibt es denn eine nicht entsprechende Stelle? Im *nochmals* kommt der „Lehrer" durch, eine Nachhilfelektion für unseren unaufmerksamen Kunden, die ihm eventuell bitter aufstößt und die rasche Reaktion verzögern könnte.

> **P**
> Doppelaussage vermeiden

Unser Vorschlag: *Sie erhalten deshalb eine Kopie mit der Bitte, diese als gesetzlicher Vertreter an der markierten Stelle zu unterschreiben.*

TIPP Auf den *erhobenen Zeigefinger* unbedingt *verzichten.* Wie im mündlichen Dialog, so kommt diese Geste auch im „schriftlichen Gespräch" bei Ihrem Partner nicht gut an, ist alles andere als kundenorientiert.

Bitte schicken Sie uns die Kopie innerhalb der nächsten zwei Wochen zurück.

A
Positiv beenden

Die erste gut formulierte Aussage. Wo aber bleibt der Dank, das Pünktchen auf dem „i"? Dies wäre ein *positiver Briefabschluss.*

Und noch eine inhaltliche Bemerkung: Ein Fragezeichen zieht sich durch den gesamten Text. Welche Kopie soll Herr Pfisterer unterschreiben?

S
Betreff als
Wegweiser

Spätestens der hier fehlende *Anlagenvermerk* müsste darüber informieren, dass die Kopie des Gesundheitszeugnisses gemeint ist. Ein *genauer Betreff* hätte dieses Rätselraten gar nicht erst aufkommen lassen.

Brief- und Faxbesprechungen mit Verbesserungsvorschlägen

Positiv-Versicherung, Postfach 14 50, 01109 Dresden	Ihr Zeichen	
Herr	Ihre Nachricht vom	16.09.JJJJ
Rudolf Pfisterer	Unser Zeichen	hä
Burggasse 87	Unsere Nachricht vom	
	Ihr Ansprechpartner	Herr Hähnel
72762 Reutlingen	Telefon	03 51-603-20 40
	Telefax	03 51-603-20 41
	Datum	26.09.JJJJ

Ihre zusätzliche Unterschrift auf der Kopie des Gesundheitszeugnisses
Lebensversicherung Nr. 123 456 789 – Anita Pfisterer

Sehr geehrter Herr Pfisterer,

vielen Dank für das ärztliche Zeugnis.

Damit der Vertrag gültig wird, ist noch Ihre Unterschrift als gesetzlicher Vertreter Ihrer nicht volljährigen Tochter erforderlich.

Bitte unterschreiben Sie deshalb die Kopie und senden uns diese bis zum **11. Oktober JJJJ**. Danke!

Mit freundlichen Grüßen

Positiv-Versicherung

Erich Hähnel

Erich Hähnel

Anlage

Kommentar zum verbesserten Brief

S Optik und Form

Info-Block

Ausnahmsweise haben wir auch den *Briefkopf* nach der DIN 5008 umgestaltet. Durch den Informationsblock – rechts neben der Anschrift, diesmal mit dem Vornamen des Adressaten – hat dieser Brief ein völlig neues Aussehen bekommen. Welche Vorteile bietet diese Gestaltungsmöglichkeit?

Alle wichtigen Daten sind übersichtlich von oben nach unten angeordnet. Gleichzeitig lässt dieser Block mehr Angaben zu als eine Bezugszeichenzeile, weil der freie Raum auf Höhe der Anschrift genutzt wird.

Wichtiges fett gedruckt

Betreff und Text bilden jetzt eine *optische Einheit*. Wichtige Informationen des Schreibens – der Betreff und das Einsendedatum – sind durch Fettdruck hervorgehoben. Die formalen Angaben in der zweiten Zeile, der *Teilbetreff*, sind nicht mehr fett gedruckt. *Privatkunden-Abteilung*, eine interne Information, die eher dem Absender nützt, wurde weggelassen.

Der Teilbetreff wurde erweitert um den Namen der zu versichernden Person *Anita Pfisterer*. Durch diese präzise Angabe wird eine Verwechslungsmöglichkeit von vornherein ausgeschlossen.

Inhalt und Sprache

Sehr geehrter Herr Pfisterer,

vielen Dank für das ärztliche Zeugnis.

A
Positiver Einstieg

Nach der Anrede folgt sofort ein konkreter Dank. Im Unterschied zum Original – *Wir bestätigen …* – freut dies den Leser und stimmt ihn positiv.

Damit der Vertrag gültig wird, ist noch Ihre Unterschrift als gesetzlicher Vertreter Ihrer nicht volljährigen Tochter erforderlich.

Brief- und Faxbesprechungen mit Verbesserungsvorschlägen

Gleich zu Beginn wird begründet, weshalb Herr Pfisterer unterschreiben muss: Nur mit seiner Unterschrift wird der Vertrag gültig. Trotz der Bestimmtheit dieser Aussage enthält sie keinen Vorwurf, der den „Fehler" des Lesers hervorhebt – im schlechtesten Fall: *Sie haben Ihre Unterschrift vergessen.* Im Gegenteil, das Wörtchen *noch* mildert ab, erhöht hier die *Akzeptanz*.

S
Klare Begründung

Bitte unterschreiben Sie deshalb die Kopie und senden uns diese bis zum 11. Oktober JJJJ. Danke!

A
Höfliche Bitte

Diese Bitte ergibt sich logisch aus dem vorher Gesagten und bringt noch zwei Vorteile: Im Vergleich zur Zeitspanne – *innerhalb der nächsten zwei Wochen* – wird ein *konkreter Termin* genannt. Nach der höflich formulierten Aufforderung schließt sich ein *Dank* an. Um eine Wiederholung des ersten Danks – *vielen Dank* – zu vermeiden, hier die Kurzform *Danke!* mit Ausrufezeichen.

A
Mit Dank am Schluss motivieren

Formal richtig wird der Anlagenvermerk unterhalb der Unterschrift genutzt. Der Abstand sollte mindestens eine Leerzeile nach der maschinenschriftlichen Wiederholung des Vor- und Zunamens betragen.

S
Anlagenvermerk

Abschließend folgt wieder ein Vergleich der Textlängen:
Original: 86 Informationen
Verbesserung: 60 Informationen.
Kürzung: 30 Prozent
Lassen Sie sich das Ergebnis auf andere Weise veranschaulichen: Jedes dritte Wort des Originals – im statistischen Sinn – haben wir eingespart. Die verbesserte Fassung klingt nicht nur höflicher und moderner, sondern hat auch einen höheren Informationsgehalt.

Textlängenvergleich

Welcher Brief ist optisch ansprechender?

Der Text ist jeweils gleich!

Brief 1

4

Erhöhung des zulässigen Gesamtgewichts möglich
Ihr Schreiben vom 16.04.JJ

Sehr geehrter Herr Brauer,

vielen Dank für Ihre Anfrage.

Die notwendigen Änderungen an der Federung Ihres PKW darf nur eine
underline{autorisierte Fachwerkstatt} durchführen.

Bitte vereinbaren Sie daher einen Termin für eine underline{kostenlose Begutachtung}
mit Ihrer zuständigen Niederlassung in Bad Kissingen
(Tel. 09 71 – 23 45-0).
Nach der Untersuchung erhalten Sie einen Kostenvoranschlag und ein
Mitarbeiter informiert Sie über die Einzelheiten für die Montage.

Mit freundlichen Grüßen
Auto-Motor AG

Brief 2

4A

Erhöhung des zulässigen Gesamtgewichts möglich
Ihr Schreiben vom 16.04.JJ

Sehr geehrter Herr Brauer,

vielen Dank für Ihre Anfrage.

Die notwendigen Änderungen an der Federung Ihres PKW darf nur
eine **autorisierte Fachwerkstatt** durchführen.

Bitte vereinbaren Sie daher einen Termin für eine **kostenlose
Begutachtung** mit Ihrer zuständigen Niederlassung in Bad Kissingen
(Tel. 09 71 – 23 45-0).

Nach der Untersuchung erhalten Sie einen Kostenvoranschlag und ein
Mitarbeiter informiert Sie über die Einzelheiten für die Montage.

Mit freundlichen Grüßen

Auto-Motor AG

Brief- und Faxbesprechungen mit Verbesserungsvorschlägen

Bewerten Sie die Optik

Überlegen Sie nicht lange, gehen Sie gefühlsmäßig vor und kreuzen Sie an!

Bewertungskriterien	positiv	negativ	
Schriftart	☐	☐	Brief 1
Schriftgröße	☐	☐	
Zeilenlänge	☐	☐	
Zeilenabstand	☐	☐	
Absätze mit Leerzeilen	☐	☐	
Rechter Rand	☐	☐	
Hervorhebungen	☐	☐	
Gesamtbewertung	☐	☐	

Bewertungskriterien	positiv	negativ	
Schriftart	☐	☐	Brief 2
Schriftgröße	☐	☐	
Zeilenlänge	☐	☐	
Zeilenabstand	☐	☐	
Absätze mit Leerzeilen	☐	☐	
Rechter Rand	☐	☐	
Hervorhebungen	☐	☐	
Gesamtbewertung	☐	☐	

Eine weitere Checkliste auf Seite 127 können Sie für Ihren Gebrauch kopieren.

Kommentar zur Optik der beiden Briefe

S **Brief 1**

Schriftart	wirkt verschnörkelt und altmodisch	−
Schriftgröße	ist für viele Leser zu klein	−
Zeilenlänge	eine Zeile ragt rechts heraus	−
Zeilenabstand	1-zeilig oder auch 1,5-zeilig ist in Ordnung	+
Absätze	zwischen Betreff und Anrede nur zwei Leerzeilen, Leerzeile fehlt vor dem letzten Absatz, zwischen Textende und Gruß nur eine Leerzeile, zwischen Gruß und Firmenname eine Leerzeile	−
Rechter Rand	könnte harmonischer sein	−
Hervorhebungen	der Betreff ist nicht fett gedruckt	−
	wichtige Inhalte sind unterstrichen	−

S **Brief 2**

Schriftart	wirkt klar und modern	+
Schriftgröße	ist deutlich und leicht lesbar	+
Zeilenlänge	passt zu diesem kurzen Text	+
Zeilenabstand	1-zeilig oder auch 1,5-zeilig ist in Ordnung	+
Absätze	sind alle der DIN 5008 entsprechend eingehalten	+
Rechter Rand	harmonisch gestaltet	+
Hervorhebungen	wichtige Inhalte sind fett gedruckt	+

Ergebnis

Auf den ersten Blick sehen wir, die negativen Bewertungen überwiegen bei Brief 1 eindeutig. Brief 2 erfüllt alle Kriterien eines optisch ansprechenden Briefs.

Die Optik hat einen großen Einfluss auf die Lesemotivation. Besonders deutlich wird dies an unseren Beispielen, denn die Inhalte sind identisch. Die *Gestaltung ist sehr wichtig*, weil wir als „Augenwesen" viel Wert darauf legen.

Brief- und Faxbesprechungen mit Verbesserungsvorschlägen

Kommentar zum Inhalt und zur Sprache

Erhöhung des zulässigen Gesamtgewichts möglich
Ihr Schreiben vom 16.04.JJ

Der Betreff gibt Herrn Brauer schon die umfassende Antwort auf seine Anfrage. Formal richtig und trotzdem persönlich durch *Ihr* kommt in der nächsten Zeile der *Bezug*.

E
Konkreter Betreff

Auch wenn durch diese Anfrage Arbeit anfällt und nicht sicher ist, ob daraus ein Auftrag entsteht, passt ein Dank als Einstieg sehr gut. *Kundenorientierung* heißt gerade hier: Dem Kunden für seine Aktivität sofort nach der Anrede in moderner und höflicher Weise zu danken.

A
Dank motiviert

Die notwendigen Änderungen an der Federung Ihres PKW darf nur eine **autorisierte Fachwerkstatt** durchführen.

Folgerichtig schließt sich eine sachlich notwendige Einschränkung an. Und wieder als kleine persönliche Geste *Ihres PKW*, die von der Sache her nicht unbedingt notwendig wäre.

S
Guter „roter Faden"

Bitte vereinbaren Sie daher einen Termin für eine **kostenlose Begutachtung** mit Ihrer zuständigen Niederlassung in Bad Kissingen (Tel. 09 71 – 23 45-0).

Sachlogisch konsequent wird die Bitte der Autowerkstatt formuliert. Wieder *kundenorientiert* bekommt der Leser Ort und Telefonnummer genannt. Ihm wird der Anruf so leicht wie möglich gemacht, falls er sich für eine Begutachtung entscheidet.

A
Moderne Bitte

Nach der Untersuchung erhalten Sie einen Kostenvoranschlag und ein Mitarbeiter informiert Sie über die Einzelheiten für die Montage.

A
Moderner „Sie-Stil"

Abschließend noch zwei wichtige Details in der *richtigen Reihenfolge:* die Kosten vor den Einzelheiten.

Beispiel 4 | 51

5

Hans Wittke GmbH　　　　　　　　　　**TELEFAX**
Industriestraße 44
28215 Bremen
Tel. 04 21-229-0　　　　　　　　　an FAX-Nr. 0711-3456783

An: Immobiliengesellschaft mbH　　zur Weiterleitung an: _____

mit der Bitte um　☐ Kenntnisnahme　☐ Anruf　　　☐ Genehmigung

　　　　　　　　　☐ Stellungnahme　☐ Bestätigung　☐ Angebot

　　　　　　　　　☒ Erledigung　　　☐ Rücksprache　☐ _____

Ihr Korrespondenz-partner/Hausapparat	Telefax-Nr.	Ihre Nachricht vom	Ihr Zeichen	Seiten-zahl	Datum
	0421-2298765				15.5.JJ

Ihr Besuch in Bremen am 22.5.JJ

Sehr geehrte Frau Niemann,
sehr geehrter Herr Müller,

anlässlich Ihres Besuches möchten wir Sie
bitten, uns die von Ihnen gewünschten
Gesprächspartner aufzugeben.

Nach Erhalt bereite ich Ihnen einen Terminplan
vor. Diesen sende ich Ihnen zu Ihrer
Information per Fax.

Vielen Dank im Voraus für Ihre Kooperation.

Mit freundlichen Grüßen

Hans Wittke GmbH

Gerhard Schuster

Analyse des Original-Fax

Optik und Form

S

Positiv: Für jeden Ansprechpartner wird bei der Anrede jeweils eine Zeile verwendet. Der Faxtext ist kurz und gut gegliedert.

Negativ: Beim Betreff fehlt die Hervorhebung durch Fettdruck, die Schrift könnte durch eine modernere ersetzt werden. Durch den „flatternden" rechten Rand wirkt das ganze Schreiben uneinheitlich.

Der Faxkopf sollte übersichtlicher gestaltet und vollständig ausgefüllt sein.

Faxkopf besser gestalten

Inhalt und Sprache

Ihr Besuch in Bremen am 22.5.JJ

Der *Betreff* fällt nicht auf und zeigt auch inhaltliche Schwächen. Kommt der Besuch zustande, fällt er aus oder wird er verschoben? Frau Niemann und Herr Müller haben zu viele Interpretationsmöglichkeiten.

E

Konkreter Betreff im Fettdruck

Sehr geehrte Frau Niemann,
sehr geehrter Herr Müller,

anlässlich Ihres Besuches möchten wir Sie bitten, uns die von Ihnen gewünschten Gesprächspartner aufzugeben.

Dieser Beginn klingt stark nach Amtsstube. *Möchten* schwächt die Bitte zudem deutlich ab. Am besten, Sie beginnen einfach mit *Bitte*. Gut ist, dass der Kundenwunsch in den Vordergrund gestellt – *von Ihnen gewünschten* – und damit die *Beziehungsebene* gepflegt wird.

Beim Tätigkeitswort *aufzugeben* handelt es sich um einen besonders in Norddeutschland oft in diesem Zusammenhang verwendetes Wort, das wir durch *mitteilen* oder *informieren* ersetzen können. Diese Worte klingen neutral.

A

Eine Bitte beginnt mit *Bitte*

Nach Erhalt bereite ich Ihnen einen Terminplan vor.

E
**Moderne Wörter
verwenden**

Der bürokratische Stil wird mit dieser Aussage fortgesetzt. Dabei erinnert *bereite ich Ihnen ... vor* eher an die Zubereitung eines Essens als an Terminplanung.

Diesen sende ich Ihnen zu Ihrer Information per Fax.

A
**Im „Sie-Stil"
schreiben**

Zusatzinformation

Bemerken Sie die *Ich-Bezogenheit*? Dies gilt auch dann, wenn Sie *ich* durch *wir* ersetzen. Wechseln Sie in die Perspektive Ihrer Leser: *Sie erhalten von uns ...*

Nutzen Sie, wann immer möglich, den leserfreundlichen „Sie-Stil". Verwenden Sie *wir*, wenn der „Sie-Stil" sachlich nicht möglich ist: *Wir haben festgestellt, ...* oder *Wir haben X untersucht und ...*

Sie können *ich* einsetzen, wenn Sie als Einzelperson etwas wünschen oder etwas tun: *In den nächsten Tagen rufe ich Sie an.* Oder: *Am 10.05.JJ hole ich Sie vom Flughafen ab.* Oder: *Für Sie reserviere ich ein Zimmer.* Oder: *Ich wünsche Ihnen schöne Urlaubstage.* Dies gilt jedoch nur, wenn Sie allein unterschreiben.

Vielen Dank im Voraus für Ihre Kooperation.

A
**Angemessen
danken**

Bei diesem Routinevorgang ist *Kooperation* übertrieben. Wenn der Partner wirklich einmal zu viel Arbeit hat, um unseren Wunsch zu erfüllen, dann sind Worte wie Mitarbeit, Hilfe, Unterstützung, Kooperation angemessen. *Im Voraus* klingt altmodisch und kann weggelassen werden.

Als *Dank* empfehlen wir hier *Vielen Dank* oder *Danke*. Ein Ausrufezeichen dahinter verstärkt diese Aussage.

Mit freundlichen Grüßen

Hans Wittke GmbH

Gerhard Schuster

Noch immer wird diese Standard-Formulierung am häufigsten benutzt. *Mit freundlichen Grüßen* empfinden die meisten Leser als distanziert und weniger höflich. Warum? Es handelt sich nur um einen Standardgruß.

In diesem kurzen Fax steckt ein sehr *großes Verbesserungspotenzial*. Dementsprechend fällt vermutlich auch die Reaktion vieler Leser aus: Sie gehen – bewusst oder unbewusst – nicht so motiviert an die Aufgabe heran wie bei einem sehr gelungenen Schreiben.

Unsere Seminarteilnehmerinnen und -teilnehmer berichten immer wieder über *Missverständnisse* und *Pannen*, die ein Schreibstil mit vielen kleinen Korrespondenzfehlern verursacht. Können Sie diese Erfahrung teilen?

A
Standardformel:
Mit freundlichen
Grüßen

Hans Wittke GmbH   **TELEFAX**
Industriestraße 44
28215 Bremen
Tel. 04 21-229-0   an FAX-Nr. 0711-3456783

An: Immobiliengesellschaft mbH   zur Weiterleitung an: _____

mit der Bitte um   ☐ Kenntnisnahme   ☐ Anruf   ☐ Genehmigung

                       ☐ Stellungnahme   ☐ Bestätigung   ☐ Angebot

                       ☒ Erledigung   ☐ Rücksprache   ☐ _____

Ihr Korrespondenz-partner/Hausapparat	Telefax-Nr.	Ihre Nachricht vom	Ihr Zeichen	Seiten-zahl	Datum
Herr Schuster 22 60	04 21- 229 87 65	10.05.JJ		1	15.05.JJ

Ihre Gesprächspartner beim Besuch am 22. Mai JJJJ
Tagesplanung

Sehr geehrte Frau Niemann,
sehr geehrter Herr Müller,

auf Ihren Besuch bei uns in Bremen freuen wir uns.

Bitte nennen Sie uns die gewünschten Gesprächspartner aus
unserer Planungsabteilung bis **18. Mai JJJJ** (Donnerstag).
Vielen Dank!

Sie bekommen Ihren Terminplan spätestens am Freitag
als Fax.

Freundliche Grüße nach Stuttgart

Hans Wittke GmbH

Gerhard Schuster

Gerhard Schuster

Kommentar zur Verbesserung

Optik und Form

S

Das Fax macht einen gut gegliederten und kompakten Eindruck. Jetzt ist auch die Schrift klar und deutlich. Die Zeilen sind bewusst kurz gehalten. So bleibt ausreichend *Platz für Notizen* der Leser. Der Betreff und der wichtige Termin heben sich durch *Fettdruck* gut ab. Eine ergänzende Information, der *Teilbetreff,* folgt unter dem Betreff.

Insgesamt wirkt das verbesserte Fax deutlich strukturierter und einheitlicher als das Original.

Der erste Eindruck ist wichtig

Inhalt und Sprache

Ihre Gesprächspartner beim Besuch am 22. Mai JJJJ
Tagesplanung

Jetzt ist der Betreff – optisch und inhaltlich – korrekt. Die Leser erhalten alle notwendigen Informationen: Der Besuchstag wird bestätigt und konkret geht es um die Planung einzelner Termine an diesem Tag.

E

Informativer Betreff

Sehr geehrte Frau Niemann,
sehr geehrter Herr Müller,

auf Ihren Besuch bei uns in Bremen freuen wir uns.

Dieser Einstieg ist ebenso geschickt wie anregend: Sofort stehen unsere Leser und das *gemeinsame Anliegen* im Mittelpunkt. Die gefühlsbezogene Aussage am Satzende ist ein Pluspunkt auf der Beziehungsebene, die gerade in Zeiten des härteren Wettbewerbs immer mehr an Bedeutung gewinnt.

A

Ziel: positive Beziehung

Bitte nennen Sie uns die gewünschten Gesprächspartner aus unserer Planungsabteilung bis **18. Mai JJJJ** (Donnerstag). Vielen Dank!

Die höfliche und modern formulierte Bitte berücksichtigt die Perspektive der Leser. Zudem signalisiert *gewünschten* eine *partnerschaftliche Einstellung*, die mit *Vielen Dank!* schlüssig abgerundet ist. Wieder wird neben der Sachebene die Beziehungsebene beachtet. Ein weiterer Vorteil: Die Leser erfahren eine genaue Frist mit Angabe des Wochentags.

Mit Dank wird selten übertrieben

Viele Seminarteilnehmer bewerten diesen Dank als zu unterwürfig, weil der Empfänger etwas vom Absender haben möchte. Ein partnerschaftliches und höfliches Verhalten kommt generell besser an. In aller Regel wird dies auch bei der Reaktion honoriert.

Sie bekommen Ihren Terminplan spätestens am Freitag als Fax.

A
„Sie-Stil" nutzen

Im „Sie-Stil" – erneut partnerbezogen und persönlich *Ihren Terminplan* – informieren wir über den nächsten Arbeitsschritt. Und zwischen den Zeilen ist zu lesen: Es hängt auch von der Reaktionsschnelligkeit der Empfänger ab, wie rasch sie diesen Plan erhalten.

Fax oder Brief gezielt einsetzen

Vielleicht haben Sie es schon bemerkt: Hier wird – aus welchen Gründen auch immer – *terminlich sehr eng disponiert*. Herr Schuster schickt sein Fax am Montag (15.05.) weg. Bekommt er die Information der Immobiliengesellschaft mbH wirklich erst am Donnerstag (18.05.), bleibt nur noch der Freitag (19.05.), um den Terminplan zu faxen. Danach kommt schon das Wochenende und am Montag (22.05.) ist bereits Besuchstag. Unter diesem Zeitdruck wäre der schriftliche Informationsaustausch ohne Fax nicht möglich.

Freundliche Grüße nach Stuttgart

Hans Wittke GmbH

Gerhard Schuster

Diese moderne, vom Standard-Gruß abweichende Grußformel klingt zugleich persönlicher. An der Namensnennung des Unter-

nehmens sowie der zeitgemäßen Unterschrift mit der maschinenschriftlichen Wiederholung ist – wie im Original – nichts aus-
zusetzen.

TIPP Überlegen Sie, ob Sie die Standard-Grußformel *Mit freundlichen Grüßen* im Einzelfall oder generell austauschen können,
und prüfen Sie, was Ihre Korrespondenz-Richtlinie zu der Variante
Freundliche Grüße nach ... sagt. Damit bekommt Ihr Schreiben
auch am Schluss eine persönliche Note.

**Textlängen-
vergleich**

Eigentlich können beide Textlängen – 57 zu 57 Informationen –
nicht sinnvoll verglichen werden. Warum? Der Betreff ist konkre-
ter (eine Information zusätzlich), es wird mit einem positiven
Inhalt begonnen (zehn Informationen) und auch der Termin ent-
hält fünf weitere Informationen.
Zählen wir diese 16 fehlenden Informationen zur Textlänge des
Originals hinzu, dann sieht unsere Rechnung so aus:
Original: 73 Informationen
Verbesserung: 57 Informationen
Kürzung: 22 Prozent

Falsch ist es, wie im Original-Fax bei der Pflege der Beziehungsebene oder bei wichtigen Informationen zu sparen. Schon der
fehlende Termin kann einen unnötigen Anruf auslösen, der auch
beantwortet werden muss. Dieser Aufwand ist meistens erheblich
höher als ein oder zwei zusätzliche Aussagen im Text. Die überarbeitete Fassung ist nicht länger und trotzdem deutlich freundlicher und konkreter als das Original.

6

AUWEILER & PARTNER Postfach 40 60 73728 Esslingen

SCHÄTZLEIN GMBH   Mannheimer Straße 148
Herrn Schätzlein   Telefon: (0711) 3 21 34 22
Waldackerweg 79   Telefax: (0711) 3 21 33 44

73728 Esslingen

                                                    14. Februar JJJJ

ANGEBOT

Sehr geehrter Herr Schätzlein,

bedauerlicherweise hat sich die Herstellung Ihres Briefguts durch meine
Erkrankung verzögert, jetzt muss es also schnell gehen. Nachfolgend die
Kostenaufstellung für Filme und Druck, Sie sehen, dass bei den Druckauflagen
kein allzu großer Unterschied besteht, ich empfehle die jeweils größere
Stückzahl zu wählen. Die Filme befinden sich bereits in der Druckerei, nach
Ihrer Entscheidung über Stückzahlen kann sofort gedruckt werden.

Objekt: Briefgut

Umfang: Briefbogen DIN A4, Kurzmitteilung DIN lang, Klapp-Visitenkarte

Leistungen: Satzänderung, Korrekturabzüge, Druckfilme, Druck, Lieferung
             frei Haus

Preis: Druckfilme komplett DM 395,00

Druck:	Briefbogen	Kurzmitteilung	Visitenkarte
	300 Ex. DM 260,00	300 Ex. DM 234,00	100 Ex. DM 260,00
	500 Ex. DM 286,00	500 Ex. DM 247,00	200 Ex. DM 279,50
	1.000 Ex. DM 344,50	1.000 Ex. DM 273,00	300 Ex. DM 299,00

Wir bitten um Mitteilung, welche Auflagen gewünscht werden.

Mit freundlichen Grüßen

Manfred Köhler

Manfred Köhler

Brief- und Faxbesprechungen mit Verbesserungsvorschlägen

Analyse des Original-Briefs

Optik und Form

S

Der Text ist zu weit oben angeordnet, unten wird dagegen viel Platz verschenkt. Der Leser nimmt dieses Ungleichgewicht wahr.

Im ersten Absatz drängen sich die sehr langen Zeilen. Mehrere Absätze erleichtern die Informationsaufnahme und sind optisch besser zu erfassen.

Übersichtliche Absätze gestalten

Positiv ist die Übersicht. Allerdings verschwimmt die Grenze zwischen den ersten vier Punkten und der Zahlenaufstellung, die mit *Druck:* beginnt.

Die Schrift ist modern, aber deutlich zu klein. Dadurch fällt nicht nur das Lesen schwerer; auch die Informationsdichte wird zu einem Problem.

Der Betreff in Großbuchstaben steht mit nur einer Leerzeile Abstand zu nah an der Anrede. Heben Sie den Betreff nicht mit Großbuchstaben hervor, sondern wählen Sie dazu *Fettdruck*. Dies gilt auch für einzelne Wörter und Satzteile, die im Text hervorgehoben werden sollen.

Zwei Leerzeilen zwischen Betreff und Anrede

Inhalt und Sprache

Sehr geehrter Herr Schätzlein,

bedauerlicherweise hat sich die Herstellung Ihres Briefguts durch meine Erkrankung verzögert, ...

Das Schreiben beginnt mit der Floskel *bedauerlicherweise*. Wie wäre es stattdessen mit einem Dank am Anfang? Schließlich muss der Grafiker doch vorher einen Auftrag erhalten haben, wie einige Sätze später deutlich wird, denn die Filme sind ja bereits in der Druckerei.

A
Am Anfang bedanken

Erst nach diesem negativen Einstieg kommt der Grund für das Bedauern. Dabei dominiert der Hauptwortstil: *Herstellung, Briefgut, Erkrankung.* Dies erinnert an den verstaubten Beamtenstil.

... jetzt muss es also schnell gehen.

**Sie müssen ...
vermeiden**

Klingt das nicht vorwurfsvoll? „Beeilen *Sie* sich jetzt mehr", schwingt deutlich mit.

Eine Regel sagt: In der Korrespondenz hat *müssen* nichts zu suchen, weil es die Beziehung zum Kunden belasten kann. Selbstbewusster klänge *Jetzt muss ich mich also beeilen!*

Nachfolgend die Kostenaufstellung für Filme und Druck, Sie sehen, dass bei den Druckauflagen kein allzu großer Unterschied besteht, ich empfehle die jeweils größere Stückzahl zu wählen.

**E
Zu langer Satz:
26 Wörter**

Der altmodische und stichwortartige Beginn *Nachfolgend* endet in einem zu langen Satz. Nach *Druck* spätestens aber nach *Unterschied besteht* sollte ein Punkt gesetzt werden.

**E
Richtige
Wortwahl**

Bei dem Wort *Kostenaufstellung* wird mancher Leser an eine umfangreiche Liste mit vielen Positionen denken und eine hohe Summe vor Augen haben. In diesem Fall geht es jedoch nur um wenige Zahlen: *Preise* wäre eine gute Alternative.

Der folgende Gedanke – *Sie sehen, dass bei den Druckauflagen kein allzu großer Unterschied besteht* – ist sicher als gut gemeinter Hinweis auf die Kosten zu verstehen.

**E
Treffende Wort-
wahl beachten**

Eindeutiger als diese umgangssprachliche Formulierung – *Unterschied* – klänge *Preisunterschied*, denn der kann sich auch auf die Auflagenhöhe beziehen.

**A
Auf den „roten
Faden" achten**

Der Teil *ich empfehle die jeweils größere Stückzahl zu wählen* kommt viel zu früh für den Leser. Er kennt die Aufstellung noch nicht. Erst danach ist diese Empfehlung sinnvoll. Und: Der Rat des Grafikers würde in einem eigenen Satz viel besser zur Geltung kommen.

Die Filme befinden sich bereits in der Druckerei, nach Ihrer Entscheidung über Stückzahlen kann sofort gedruckt werden.

**P
Prägnant
schreiben**

Nach der Aussage am Satzende ist der Einstieg *Die Filme ...* überflüssig. Warum? Mit der Arbeit kann sofort begonnen werden, weil die Filme schon beim Drucker sind. Mit dem Satzanfang weist der Schreiber auf seine Vorarbeit hin: Er hat die Filme schon in die Druckerei geschickt. Psychologisch gesehen macht dieser unnötige

Brief- und Faxbesprechungen mit Verbesserungsvorschlägen

Vorspann jedoch Sinn. Wer stellt nicht gern sein eigenes Handeln in den Vordergrund?

Der zweite Teil nach dem Komma ist erst am Briefende sinnvoll, weil dort die Auflagen abgefragt werden: *Wir bitten um Mitteilung ...*

Objekt:	Briefgut
Umfang:	Briefbogen DIN A4, Kurzmitteilung DIN lang, Klapp-Visitenkarte
Leistungen:	Satzänderung, Korrekturabzüge, Druckfilme, Druck, Lieferung frei Haus
Preis:	Druckfilme komplett DM 395,00

Druck:	Briefbogen	Kurzmitteilung	Visitenkarte
	300 Ex. DM 260,00	300 Ex. DM 234,00	100 Ex. DM 260,00
	500 Ex. DM 286,00	500 Ex. DM 247,00	200 Ex. DM 279,50
	1.000 Ex. DM 344,50	1.000 Ex. DM 273,00	300 Ex. DM 299,00

Die zwei tabellarisch aufgebauten Teile müssten in umgekehrter Reihenfolge gebracht werden. Hier interessieren den Leser zunächst die Preise der Briefbogen, Kurzmitteilungen und Visitenkarten und erst danach der Preis für alle Druckfilme. Zuletzt braucht der Kunde das gesamte Leistungspaket mit fünf Positionen.

P
Achten Sie auf die Form

Dieser Block lässt sich übersichtlicher und knapper gestalten, wie ein Blick auf den Verbesserungsvorschlag zeigt (S. 64). Die vielen Wiederholungen der Abkürzungen *Ex.* und *DM* sind unnötig.

E
Abkürzungen einschränken

Wir bitten um Mitteilung, welche Auflagen gewünscht werden.

Der typische „*Wir*-Stil", kombiniert mit einem Wort auf *-ung* klingt sehr förmlich und altmodisch. Eine moderner formulierte Bitte klingt wesentlich höflicher und genauer: *Bitte teilen Sie uns jeweils die Stückzahlen mit. Danke.*

A
Sie verwenden

Beispiel 6 63

AUWEILER & PARTNER Postfach 40 60 73728 Esslingen

SCHÄTZLEIN GMBH
Herrn Schätzlein
Waldackerweg 79

73728 Esslingen

Mannheimer Straße 148
Telefon: (0711) 3 21 34 22
Telefax: (0711) 3 21 33 44

14.02.JJ

Unser Angebot für Geschäftspapiere
Ihr Telefonat vom 17.01.JJ

Guten Tag, sehr geehrter Herr Schätzlein,

vielen Dank für Ihren Auftrag.

Bitte entschuldigen Sie, dass ich – durch Krankheit bedingt –
so spät antworte.

Dafür geht es jetzt umso schneller. Beim Drucker setze ich
mich für eine rasche Bearbeitung ein.

Briefbogen		**Kurzmitteilungen**		**Visitenkarten**	
DIN-A4		DIN lang		zum Klappen	
Stück	Preis/DM	Stück	Preis/DM	Stück	Preis/DM
300	260,00	300	234,00	100	260,00
500	286,00	500	247,00	200	279,50
1.000	344,50	1.000	273,00	300	299,00
Druckfilme		395 DM			
Leistungen		Satzänderung, Korrekturabzüge, Druckfilme, Druck, Lieferung frei Haus			

Teilen Sie uns die jeweiligen Stückzahlen so bald wie möglich
mit. Dann wird sofort gedruckt. Danke!

Mit freundlichen Grüßen

Manfred Köhler

Manfred Köhler

Kommentar zur Verbesserung

Der Brief ist gut auf die Seite verteilt. Durch die kleinere Schrift und größeren Abstand zum Text (zwei Leerzeilen) fällt der Datenteil schnell als eigene Einheit auf. Wichtige Informationen werden fett hervorgehoben.

    Der *konkrete Betreff* informiert den Leser viel besser als der Betreff im Original-Brief: Sofort ist er im Bild.

S
Zwei Schriftgrößen nutzen

Guten Tag, sehr geehrter Herr Schätzlein,

vielen Dank für Ihren Auftrag.

Da der Kunde dem Grafikbüro einen Auftrag erteilt hat, gehört es zum guten Stil, sich gleich am Anfang dafür zu bedanken.

A
Positiver Einstieg

Bitte entschuldigen Sie, dass ich – durch Krankheit bedingt – so spät antworte.

Für Fehler sind Entschuldigungen wie geschaffen, auch wenn die Ursache in einer Krankheit liegt. Schließlich hätte sich ein Kollege mit dem Auftrag befassen und den Kunden rechtzeitig informieren können.

A
Modern entschuldigen

Dafür geht es jetzt umso schneller. Beim Drucker setze ich mich für eine rasche Bearbeitung ein.

Ein positiver, sehr leger formulierter Anschluss, der durch den zweiten Satz noch einmal unterstrichen wird. Zwischen den Zeilen erkennt der Leser, dass Herr Köhler zum Drucker eine gute Beziehung hat. Anderenfalls dürfte der Grafiker keine derartigen Versprechungen machen.

A
Unverkrampft schreiben

Briefbogen	**Kurzmitteilungen**	**Visitenkarten**
DIN-A4	DIN lang	zum Klappen
Stück Preis/DM	Stück Preis/DM	Stück Preis/DM
300 260,00	300 234,00	100 260,00
500 286,00	500 247,00	200 279,50
1.000 344,50	1.000 273,00	300 299,00
Druckfilme	395 DM	
Leistungen	Satzänderung, Korrekturabzüge, Druckfilme, Druck, Lieferung frei Haus	

A
Wenige
Abkürzungen

Die Tabelle ist sehr übersichtlich gestaltet, Abkürzungen sind auf ein Minimum reduziert.

Teilen Sie uns bitte die jeweiligen Stückzahlen so bald wie möglich mit. Dann wird sofort gedruckt. Danke!

Abschließend wird der Leser höflich darauf hingewiesen, dass er durch eine schnelle Entscheidung die Wartezeit auf seine Geschäftspapiere verkürzen kann.

A
Bedanken Sie sich

Ein Dank rundet den Brief ab. Diese Geste ist kundenorientiert und erhöht die Wahrscheinlichkeit einer schnellen und vollständigen Antwort.

Textlängen-
vergleich

Original (ohne Bezug = 6 Informationen): 140 Informationen
Verbesserung (mit Bezug und Dank = 11 Informationen):
115 Informationen.
Kürzung: 18 Prozent
Die verbesserte Fassung ist nicht nur deutlich kürzer, sie ist wesentlich übersichtlicher und auch höflicher. Ein für Kundenorientierung vorbildliches Schreiben.

7

Rundum-Versicherung, Postfach 10 60, 50345 Köln

Rundum-Versicherungsagentur

Herrn Fischbach

Borsigstraße 71

50345 Köln

Ihr Zeichen/Ihre Nachricht	Telefon	Unser Zeichen	Datum
06.01.JJJJ	(0221)505-876	Herr Seiler	12.01.JJJJ

Kfz.-Versicherung
Antrag Nr. 987654321

Sehr geehrter Herr Fischbach,

Sie haben uns einen Antrag (VN: Michaela Brenner) zugesendet.
Leider müssen wir Ihnen mitteilen, dass der Antrag auf einem
alten Antragsformular geschrieben wurde, der aus rechtlichen
Gründen nicht mehr gültig ist. Deshalb bitten wir Sie, uns den
Antrag auf einem aktuellen Antragformular zuzusenden. Anbei
erhalten Sie eine Kopie des alten Antrags.

Mit freundlichen Grüßen
Rundum-Versicherung

Herbert Seiler

Anlage

Analyse des Original-Briefs

Optik und Form

S

Der Brief ist kurz, der rechte Rand gut gestaltet, die Unterschrift wird maschinenschriftlich wiederholt.

Zwar stimmt die *Schriftgröße*, die *Schriftart* wirkt jedoch altmodisch. Der *Betreff* ist nicht fett gedruckt.

Mit Absätzen strukturieren

Mit sechs Zeilen ist der *Absatz* zu lang. Ungewöhnlich, dass ein Schreiben aus einem einzigen Absatz besteht. Da dieser Brief ganz unterschiedliche Gedanken enthält, sollte auch diese innere Struktur durch mehrere Absätze verdeutlicht werden.

Nach den *freundlichen Grüßen* ist eine *Leerzeile* notwendig, damit die darunter folgende Firmenbezeichnung optisch gut zur Geltung kommt.

Inhalt und Sprache

Kfz.-Versicherung
Antrag Nr. 987654321

E
Betreff verunsichert

Dieser Betreff erfüllt nicht die Anforderungen einer stichwortartigen Inhaltsangabe. Der Leser hat einen zu großen Interpretationsspielraum: Wird der Antrag angenommen oder abgelehnt oder ist er noch nicht bearbeitet?

Sehr geehrter Herr Fischbach,

Sie haben uns einen Antrag (VN: Michaela Brenner) zugesendet.

Nicht besonders leserfreundlich und am Anfang eher unüblich ist die Angabe der Versicherungsnehmerin in Klammern. Warum nicht: ... *einen Antrag für Frau Michaela Brenner* ...?

P
Inhalt weglassen

Außerdem ist der Informationsgehalt des ersten Satzes sehr gering. Herr Seiler könnte nicht auf diesen Antrag reagieren, wenn er ihn nicht erhalten hätte.

Brief- und Faxbesprechungen mit Verbesserungsvorschlägen

Einmal mehr merken wir, wie routinemäßig die Einleitung formuliert wird und wie schwer ein Dank fällt, der hier angebracht ist. Seminarteilnehmerinnen und -teilnehmer argumentieren in solchen Fällen oft so: „Unser Versicherungsfachmann wird doch für seine Arbeit gut bezahlt. Warum und wofür dann noch bedanken?"

Betrachten wir dies einmal auf der *Sachebene*: Herr Fischbach bringt für die Rundum-Versicherung – trotz seines Fehlers – einen neuen Auftrag und damit mehr Umsatz. Dies ist bereits Grund genug für ein Dankeschön. Ein ehrlicher Dank verbessert die Beziehung zum Leser: auf der Gefühls- oder *Beziehungsebene* ein Pluspunkt. Wer dies unterschätzt, reduziert die Motivation für die weitere Zusammenarbeit. Arbeitet Herr Fischbach künftig nicht mehr so engagiert, häufen sich bestimmt solche Fehler und der Verwaltung entsteht erheblicher Mehraufwand.

Leider müssen wir Ihnen mitteilen, dass der Antrag auf einem alten Antragsformular geschrieben wurde, der aus rechtlichen Gründen nicht mehr gültig ist.

Haben Sie es gemerkt? Das bezugnehmende Fürwort im letzten Satzteil *der* ist nicht richtig. Da auf das Antragsformular Bezug genommen wird, muss es *das* heißen. Die Erfahrung zeigt: Je länger und komplizierter ein Satz, desto häufiger schleichen sich Fehler ein.

TIPP Formulieren Sie soweit möglich *kurze Sätze*. Damit vermeiden Sie mindestens 75 Prozent aller Grammatik- und Kommafehler.

Der erste Teil *Leider müssen wir Ihnen mitteilen, dass ...* kann als Vorreiter entfallen. Außerdem wird der Leser durch *leider* negativ eingestimmt.

Was ist sonst noch überflüssig? *Aus rechtlichen Gründen* – dies interessiert unseren Leser vermutlich nicht. Ihm reicht die Feststellung, dass das Formular nicht mehr gültig ist. Wäre der rechtliche Hintergrund wirklich wichtig, müsste die Begründung konkretisiert werden: *Seit 01.12.JJ gilt nach § X ...*

A
Warum bedanken?

Achtung:
Grammatikfehler!

E
Leider-Floskel

Beispiel 7 | 69

Alten Antragsformular ist zu verkürzen in *Formular*. Am Satzende wird *alten* präzisiert: *nicht mehr gültig*. Der Versicherungsfachmann weiß, dass es sich um einen Antrag handelt.

E
Das richtige Tätigkeitswort wählen

Die Formulierung *auf einem … geschrieben wurde* klingt umgangssprachlich. Zweitrangig ist hier die Tätigkeit des Schreibens, vorrangig, dass ein *ungültiges* Formular ausgefüllt wurde.

Ursache für diese Ungenauigkeit: Oft wird die erste Idee aufs Papier gebracht und dann nicht mehr überarbeitet. Zeitdruck fördert dieses Verhalten. Für den Empfänger zählt die Situation des Schreibers jedoch nicht, wenn er den Text liest und vom Gefühl her bewertet.

Gerade unter Zeitdruck profitieren Sie von den vier Verständlichmachern. Zwei kurze Sätze erfordern meist weniger Aufwand als ein langer, oft komplizierter Schachtelsatz und sie werden verstanden. Ist der gesamte Inhalt konkret und verständlich formuliert, erspart man sich häufig telefonische oder schriftliche Fragen der Leser.

Deshalb bitten wir Sie, uns den Antrag auf einem aktuellen Antragformular zuzusenden.

A
Moderne Bitte

Die Verbindung zwischen beiden Gedanken wird gut hergestellt. Altmodisch und nicht präzise klingt aber die Bitte: Der Versicherungsfachmann soll die Daten in das gültige Formular übertragen.

Moderne Bitten beginnen mit *Bitte*. Ein Dankeschön im Anschluss erhöht noch die Wahrscheinlichkeit, dass der ausgefüllte Antrag schnell zurückgeschickt wird.

Aktuell oder *nicht aktuell* hier ist nicht die Frage. *Gültig* oder *nicht gültig* war die Ursache für dieses Schreiben.

**Achtung:
Schreibfehler**

Das *Antragformular* hat jetzt das so genannte Fugen-*s* verloren. Richtig muss es *Antragsformular* heißen. So lässt sich dieses Wort leichter aussprechen.

Anbei erhalten Sie eine Kopie des alten Antrags.

Nach dem altmodischen Beginn mit *Anbei* folgt der moderne „Sie-Stil", mit dem sich Herr Fischbach viel besser angesprochen fühlt als mit *Wir schicken Ihnen …*

Brief- und Faxbesprechungen mit Verbesserungsvorschlägen

Sicher ist es arbeitstechnisch sinnvoll, auch den alten Antrag als Anlage zuzusenden. Wer weiß, ob Herr Fischbach diesen so schnell parat hätte.

Mit freundlichen Grüßen
Rundum-Versicherung

Herbert Seiler

Herbert Seiler

Anlage

Der Schreiber nutzt die bewährte *Standard-Grußformel*.

Zum Schluss noch zwei *Pluspunkte*: Die Unterschrift besteht aus Vor- und Zuname, darunter werden beide Namensteile maschinenschriftlich wiederholt. Mit *Anlage* wird dem Leser an der vorgesehenen Stelle signalisiert, dass er eine zusätzliche Information bekommt. Da die Anlage im letzten Satz als *Antragskopie* genau bezeichnet wird, kann man sich durchaus auf den Begriff *Anlage* beschränken.

A
Vollständige
Unterschrift

Rundum-Versicherung, Postfach 10 60, 50345 Köln

Rundum-Versicherungsagentur
Herrn Fischbach
Borsigstraße 71

50345 Köln

Ihr Zeichen/Ihre Nachricht	Telefon	Unser Zeichen	Datum
06.01.JJ	(02 21) 505-876	Herr Seiler	12.01.JJ

**Neues Formular verwenden –
Antrag vom 02.01.JJ ungültig**
Kfz-Versicherung: Antrag Nr. 987 654 321

Sehr geehrter Herr Fischbach,

vielen Dank für Ihren Antrag.

Für die Versicherungsnehmerin – Frau Michaela Brenner –
haben Sie ein Formular benutzt, das seit 01.12.JJ nicht mehr
gültig ist.

Bitte schicken Sie uns deshalb das neue Antragsformular
ausgefüllt und unterschrieben zurück. Danke.

Mit freundlichen Grüßen

Rundum-Versicherung

Herbert Seiler

Herbert Seiler

Anlagen
Antragskopie
Antragsformular

Kommentar zur Verbesserung

Optik und Form

S

Der *Betreff* ist in zwei Zeilen aufgeteilt und die wichtigsten Inhalte sind fett hervorgehoben. Aus drei übersichtlichen *Absätzen* mit einem harmonischen *rechten Rand* setzt sich dieser Brief zusammen. Die Schrift wirkt modern und ist gut lesbar.

Inhalt und Sprache

**Neues Formular verwenden –
Antrag vom 02.12.JJ ungültig**
Kfz-Versicherung: Antrag Nr. 987 654 321

Hier liegt ein *echter* Betreff mit den zwei Hauptinhalten in Form von Stichworten und den formalen Angaben in der folgenden Zeile vor.

E
Konkreter Betreff

Sehr geehrter Herr Fischbach,

vielen Dank für Ihren Antrag.

Ein Dank am Anfang motiviert den Leser. Auch wenn er – wie in diesem Fall – Mehrarbeit verursacht hat, wäre es falsch, auf einen positiven Beginn zu verzichten.

A
Positiver Beginn

Für die Versicherungsnehmerin – Frau Michaela Brenner – haben Sie ein Formular benutzt, das seit 01.12.JJ nicht mehr gültig ist.

Modern – mit Gedankenstrichen – wird der Name der Versicherungsnehmerin hervorgehoben.
    Dieser Absatz macht sachlich und ohne Vorwurf auf den Fehler aufmerksam. Gleichzeitig wird das *Datum* genannt, seit dem das neue Formular gilt. Dies erspart dem Schreiber eventuell die Beantwortung eines Anrufs.

A
Höflich schreiben

Bitte schicken Sie uns deshalb das neue Antragsformular ausgefüllt und unterschrieben zurück. Danke.

A
Positiver Schluss

Nach der Beschreibung des Fehlers schließt sich folgerichtig die
konkrete Aufforderung an. Mit *Danke* runden wir den Brief psychologisch geschickt ab und umgehen die wörtliche Wiederholung
Vielen Dank vom Beginn.

Mit freundlichen Grüßen

Rundum-Versicherung

Herbert Seiler

Herbert Seiler

Anlagen
Antragskopie
Antragsformular

Alle formalen Punkte – vom Gruß bis zur Anlage – sind in Ordnung. Die *Antragskopie* und das neue *Antragsformular* führen wir in
der Zeile nach der Anlage auf, weil davon im Text keine Rede ist.

Textlängen-
vergleich

Es scheint so, als hätten wir mit 64 zu 62 Informationen kaum einen
Einspareffekt erzielt. Vergegenwärtigen wir uns jedoch, dass im
Original außer formalen Angaben kein konkreter Betreff zu finden
ist. In der verbesserten Fassung kommen dafür schon neun Infor-
mationen zusammen. Wird auch der fehlende Dank, der als eine
Information zählt, berücksichtigt, dann müssen wir so rechnen:
Original: 64 + 10 = 74 Informationen
Verbesserung: 62 Informationen
Kürzung: 16 Prozent

Der Hauptvorteil liegt im *mitarbeiterorientierten Stil*, der den Leser
wesentlich stärker als der Original-Brief anregt, künftig seine Leistungen noch weiter zu verbessern.

Brief- und Faxbesprechungen mit Verbesserungsvorschlägen

8

Chemie-Markt AG Postfach 12 34 30567 Göttingen

Beton-Werk Gebauer GmbH
Abteilungsleiter Verkauf
z. Hd. Herrn Ludwig Moser
Waldstraße 14-17

30163 Hannover

Göttingen, 30.10.JJ

Ihr 25jähriges Jubiläum

Lieber Herr Moser,

wir gratulieren Ihnen sehr herzlich zu Ihrem
25jährigen Jubiläum.

Sie können stolz sein auf eine so lange
Firmengeschichte.

Wenn Ihnen heute viele Beweise der Anerkennung
und Wertschätzung zuteil werden, so dürfen wir
uns diesem Wunsch anschließen.

Für Ihre weitere Zukunft wünschen wir Ihnen viel Erfolg und hoffen auf eine weitere angenehme
Zusammenarbeit.

Mit freundlichen Grüßen

Chemie-Markt AG

Winter

Analyse des Original-Briefs

S

Optik und Form

Durch den *Betreff* bekommt dieses Schreiben den Charakter eines Geschäftsbriefs. Beim Glückwunsch an einen Jubilar ist ein Betreff jedoch fehl am Platz.

Der *rechte Rand* stimmt bis auf eine Ausnahme, die *Absätze* sind kurz genug. Setzen wir *Erfolg* in die nächste Zeile, hat auch dieser Absatz „Hand und Fuß".

An die gute alte Schreibmaschine erinnert die *Schrift*; sie wirkt deshalb antiquiert.

Im *Anschriftfeld* ist *z. Hd.* nach DIN 5008 als überflüssige und altmodische Angabe zu streichen.

Inhalt und Sprache

Ihr 25jähriges Jubiläum

Wie schon gesagt: Der Betreff ist in diesem Fall überflüssig.

Lieber Herr Moser,

wir gratulieren Ihnen recht herzlich zu Ihrem 25jährigen Jubiläum.

Die *persönliche Anrede* mit *Lieber* ist Ausdruck einer guten und engen Beziehung zu Herrn Moser.

A
***Wir* am Anfang vermeiden**

Wir am Anfang eines Glückwunsches wirkt psychologisch unglücklich. *Recht herzlich* klingt veraltet; besser und freundlicher wäre *sehr herzlich*.

Achtung: Schreibfehler!

25-jährigen wird nach der *neuen Rechtschreibung* mit Bindestrich geschrieben.

Stellen wir also den Satz auf den Kopf und damit das Wichtige nach vorn: *... zu Ihrem 25-jährigen Jubiläum gratulieren wir Ihnen sehr herzlich.* Nun stehen Leser und Anlass im Vordergrund; so wird die gewünschte Wirkung erzielt.

Brief- und Faxbesprechungen mit Verbesserungsvorschlägen

Sie können stolz sein auf eine so lange Firmengeschichte.

Auch diese oft gebrauchte Formulierung *stolz sein* wirkt wie eine Floskel und ist *zweideutig*. Negative Interpretation: Sie sind unflexibel, Sie haben keine anderen Erfahrungen aufzuweisen als die in diesem Unternehmen.

Der Satz ist zudem sachlich falsch. Gemeint ist nicht die *lange Firmengeschichte*, sondern Herrn Mosers lange Betriebszugehörigkeit. Wir sollten hier den Mut haben, das „Kind" beim Namen zu nennen: … *Betriebszugehörigkeit im Beton-Werk Gebauer.*

E
Wählen Sie die richtigen Wörter

Achtung: korrekte Wortwahl!

Wenn Ihnen heute viele Beweise der Anerkennung und Wertschätzung zuteil werden, so dürfen wir uns diesem Wunsch anschließen.

Wie aus dem letzten Jahrhundert klingen *Beweise der Anerkennung, Wertschätzung zuteil werden* oder *dürfen wir uns … anschließen.*

Außerdem spekuliert hier der Schreiber: Ob der Jubilar so viele Glückwünsche bekommt, weiß er nicht.

Noch eine Ungenauigkeit, diesmal auf der grammatischen Ebene. Im ersten Teil des Satzes steht die Mehrzahl *Beweise*, am Satzende die Einzahl *Wunsch*. Korrekt heißen müsste es *so dürfen wir uns diesen Wünschen anschließen.*

Sehen wir uns den Inhalt dieser Aussage einmal genauer an. Obwohl eine höfliche Absicht dahintersteckt, könnte der Eindruck entstehen, dass der Glückwunsch eher unfreiwillig ausgesprochen wird und nicht von Herzen kommt.

E
Modern formulieren

Achten Sie auf den Bezug im Satz

Für Ihre weitere Zukunft wünschen wir Ihnen viel Erfolg und hoffen auf eine weitere angenehme Zusammenarbeit.

Bemerken Sie den erhobenen Zeigefinger im zweiten Teil? *Hoffen* klingt psychologisch ungeschickt. Damit ist offenbar *sich freuen* gemeint und mit *angenehme Zusammenarbeit* wahrscheinlich eine gute oder auch sehr gute Zusammenarbeit.

Schließlich hat unser Schreiber die Wortwiederholung *weitere* nicht bemerkt. Neben den genannten inhaltlichen und sprachlichen Schwächen zeigt auch der letzte Satz, dass dieser Text zu schnell und sehr oberflächlich verfasst wurde.

E
Vermeiden Sie *hoffen*

Beispiel 8

Mit freundlichen Grüßen

Chemie-Markt AG

Winter

Winter

A
**Der letzte Ein-
druck ist wichtig**

Viele Grüße oder *Herzliche Grüße* würde besser passen. Der Standard-
gruß wirkt hier sehr distanziert.

Bei diesem sehr persönlichen Anlass sollte unbedingt mit Vor-
und Nachnamen unterschrieben werden. Auf die maschinen-
schriftliche Wiederholung des Namens kann man hier verzichten,
weil sich Absender und Empfänger gut kennen.

Chemie-Markt AG Postfach 12 34 30567 Göttingen

Beton-Werk Gebauer GmbH
Abteilungsleiter Verkauf
Herrn Ludwig Moser
Waldstraße 14–17

30163 Hannover   Göttingen, 30. Oktober JJJJ

Lieber Herr Moser,

zu Ihrem 25-jährigen Jubiläum im Beton-Werk Gebauer

herzlichen Glückwunsch.

Durch Ihre sehr engagierte und kreative Zusammenarbeit in den letzten Jahrzehnten konnten wir die Weichen für viele gemeinsame Projekte erfolgreich stellen.

So haben Sie zum Beispiel vor drei Jahren ... (*Beispiel für eine besondere Leistung des Jubilars folgt.*)

Bei unserem gemeinsamen Projekt „Kundenorientierung" ist es Ihnen sehr schnell gelungen, ... (*Ergänzen Sie hier ein Beispiel für die gute Zusammenarbeit.*)

Für Ihre Zukunft wünschen wir Ihnen weiterhin viel Erfolg, Gesundheit und Zufriedenheit.

Freundliche Grüße nach Hannover

Chemie-Markt AG

Herbert Winkler

Kommentar zur Verbesserung

Die Beispiele für eine gute Zusammenarbeit haben wir nicht ausformuliert, damit Sie Leser angeregt werden, selbst empfängerbezogen zu texten.

Die optischen Pluspunkte

- Das Schreiben ist abgerundet und ausgewogen.
- Die zentrale Aussage ist fett hervorgehoben.
- Der Schreiber hat mit Vor- und Zunamen unterschrieben.
- Beim Brief an einen Jubilar entfällt der Betreff. Dadurch wirkt das Schreiben sehr persönlich.
- *Hinweis:* Bitte prüfen Sie, ob es in Ihrem Unternehmen für derartige Anlässe besonderes Briefpapier gibt.

Die inhaltlichen Pluspunkte

- Der Glückwunsch im ersten Satz ist sprachlich gelungen.
- Der Verfasser arbeitet mit Begriffen, die auf die Person zugeschnitten sind: *sehr engagiert, kreativ, gemeinsame Projekte.*
- Während der Original-Brief weitgehend steril bleibt, zeigen hier konkrete Beispiele die sehr gute Zusammenarbeit.
- Der Schluss ist positiv formuliert und bezieht sich auch auf das Privat- und Berufsleben.

Sparen Sie nicht auf der Beziehungsebene!

Die verbesserte Fassung kann durchaus länger werden als das Original. Dies ist jedoch nicht negativ, ganz im Gegenteil: Mit individuellen und treffenden Formulierungen – nicht mit Floskeln – festigen Sie die Beziehung zum Leser. Gerade bei einem Glückwunsch wäre es falsch, mit Worten zu geizen.

Individuelles Geschenk

Mit diesem Glückwunschschreiben zusammen sollte ein vom Wert angemessenes und individuelles *Geschenk* überreicht oder geschickt werden. Sonst sind auch die besten Formulierungen unglaubwürdig.

Brief- und Faxbesprechungen mit Verbesserungsvorschlägen

9

Autohaus Müller Kölner Straße 18 40356 Düsseldorf

Computer-Welt GmbH
Frau Lehmann
Postfach 10 30

40547 Düsseldorf

Ihre Nachricht vom	Unser Zeichen, unsere Nachricht vom	Telefon-Durchwahl	Düsseldorf
18.06.JJJJ	Rabenstein 27.06.JJJJ	0211-466786	4.7.JJJJ

Autohaus Müller – Auftrag Nr. 202.285
Widerspruch

Sehr geehrte Frau Lehmann,

vielen Dank für Ihre eingegangene Zahlung.
Nach Prüfung der Sachlage halten wir die Forderung zum
Differenzbetrag von 1.500,00 DM zzgl. MWST aufrecht (siehe
Schriftverkehr).

Diese offene Forderung möchten Sie bitte bis zum 21.07.JJJJ
ausgleichen.

Sollte bis zu diesem Termin keine Zahlung verbucht sein, wird
die Angelegenheit dem Anwalt übergeben.

Mit freundlichen Grüßen

Autohaus Müller

W. Rabenstein

W. Rabenstein

Anlage

Analyse des Original-Briefs

Die Sachlage: Die Computer-Welt GmbH lässt eines ihrer Autos nach einem Unfall beim Autohaus Müller reparieren. Frau Lehmann hat am 18.06.JJ dazu den Auftrag schriftlich erteilt. Einen Tag später, am 19.06.JJ, bittet Herr Bauer, ein Mitarbeiter der Computer-Welt, mit einem Fax darum, auch das Profil der Reifen zu kontrollieren. Falls nötig, sollen neue Reifen der Marke X montiert werden zum Komplettpreis von 1.740 DM.

Frau Lehmann weiß von diesem Auftrag jedoch nichts und hält den Rechnungsposten „Reifen und Montage" für eine Verwechslung. Deshalb überweist Sie nur den Rechnungsbetrag für die von ihr veranlasste Reparatur.

Optik und Form

Positiv: Der Brief ist kurz, in drei Absätze gegliedert und mit einer modernen Schrift geschrieben.

Betreff hervorheben

Negativ: Der Betreff ist nicht hervorgehoben. Nach dem Dank folgt kein Absatz.

Es wird in DIN 5008 empfohlen, den *Vornamen* bei der Unterschrift auszuschreiben und beide Namensbestandteile maschinenschriftlich zu wiederholen.

In der Bezugzeichenzeile und auch im Text sollte das *Datum* einheitlich und modern geschrieben werden: *22.06.JJ, 27.06.JJ* und *04.07.JJ* – in Zweier-Gruppen.

Der *Name des Sachbearbeiters* kann oben abgekürzt werden mit *r* oder auch *ra*, wenn mehrere Namen mit *R* beginnen.

Telefonnummer in Zweierblöcken

Die *Telefonnummer* lässt sich in Zweierblöcken *02 11 – 46 67 86* leichter lesen und merken.

Inhalt und Sprache

Die *Angaben* in der Bezugzeichenzeile sind *unvollständig*. Es fehlt das entscheidende Datum 19.06.JJ, an dem der Auftrag für die Rei-

Brief- und Faxbesprechungen mit Verbesserungsvorschlägen

fen erteilt wurde. Herr Rabenstein hätte es unter *18.06.JJ* setzen können und dahinter zum Beispiel *Fax*.

Autohaus Müller – Auftrag Nr. 202.285
Widerspruch

Die erste Zeile im *Betreff* bringt nur Formalitäten, die die Leserin nicht vorrangig interessieren. Genau umgekehrt sollte die Reihenfolge sein: Der Sachverhalt ist wichtiger und kommt vor den Formalitäten.

Widerspruch ist nicht eindeutig und kann hier unterschiedlich ausgelegt werden: Hat Frau Lehmann vorher widersprochen oder widerspricht jetzt der Schreiber? Gemeint ist: Das Autohaus Müller legt Widerspruch ein, weil der Überweisungsbetrag nicht korrekt ist. Die Reifen wurden nicht bezahlt.

Eindeutig schreiben

Sehr geehrte Frau Lehmann,

vielen Dank für Ihre eingegangene Zahlung.

Der positive Beginn des ersten Satzes – ein Dank an den Leser – wird im letzten Teil durch eine *Doppelaussage* abgeschwächt: *Zahlung* reicht aus, *eingegangene* klingt außerdem altmodisch.

**P
„Weißen Schimmel" vermeiden**

Nach Prüfung der Sachlage halten wir die Forderung zum Differenzbetrag von 1.500,00 DM zzgl. MWST aufrecht (siehe Schriftverkehr).

Der Anfang mit *Nach Prüfung der Sachlage* klingt wieder sehr steif; die anschließende Formulierung *halten wir die Forderung ... aufrecht* ebenfalls.

Statt der grammatischen Ungereimtheit *zum Differenzbetrag* hieße es richtig *die Forderung des Differenzbetrags von 1.500 DM* und noch eindeutiger und höflicher *Zahlen Sie bitte den Differenzbetrag von 1.500 DM*.

Grammatisch richtig formulieren

Bei dieser „glatten" Summe brauchen Komma und Nullen nicht geschrieben zu werden. Vorteil: Der Betrag kommt deutlicher zur Geltung.

**S
Beträge übersichtlich schreiben**

Achtung: Richtig abkürzen!

Ein kleiner Fehler: Mehrwertsteuer wird nicht *MWST*, sondern *MwSt.* abgekürzt.

Die altmodische Formulierung *siehe Schriftverkehr* lenkt die Leserin leicht in eine falsche Richtung, denn der Verfasser bezieht sich auf ein Fax von Herrn Bauer. Dieses Fax kennt Frau Lehmann nicht und deshalb wird sie diese Argumentation nicht verstehen. Eindeutiger, wenn auch länger, wäre der Bezug zum *Fax von Herrn Bauer vom …*

Optisch macht dieser Satz keinen guten Eindruck. Ein umständlich geschriebener Betrag, zu viele Abkürzungen und eine Klammer lassen den Inhalt sehr kompliziert erscheinen und wirken leserunfreundlich.

Diese offene Forderung möchten Sie bitte bis zum 21.07.JJJJ ausgleichen.

E
Modern schreiben

Sehr *antiquiert* und *unverbindlich* klingt das. Wenn Sie sich an den Betreff *Widerspruch* erinnern, dann ist diese Formulierung zu schwach und passt damit nicht zur Grundaussage dieses Schreibens.

Beginnen Sie den Satz mit *Bitte*, dann wirkt die Aufforderung *höflicher* und zugleich präziser als die Umschreibung mit *möchten*.

S
Doppelaussage

Versteckt sich hier etwa noch ein „weißer Schimmel"? Forderungen sind immer offen, sonst gäbe es sie nicht.

Sollte bis zu diesem Termin keine Zahlung verbucht sein, wird die Angelegenheit dem Anwalt übergeben.

Unterstellungen sind psychologisch falsch

Herr Rabenstein unterstellt, dass die Gegenseite sehr wahrscheinlich nicht bereit ist, den Betrag zu überweisen. Hat er jedoch keine Gründe dafür, sollte er zunächst höflich und verbindlich mahnen. Bleibt dann die gewünschte Reaktion aus, ist es richtig Konsequenzen anzukündigen.

Telefonat oder Brief?

TIPP Grundsätzlich empfiehlt es sich vor einer schriftlichen Erinnerung, den Sachverhalt durch ein Telefonat zu klären. Ist dies nicht möglich, folgt ein höfliches Schreiben.

Betrachten wir den Stil etwas genauer. Durch das Passiv im zweiten Satzteil verliert die Aussage an Überzeugungskraft. Besser wäre *Wir beauftragen unseren Anwalt* oder im „Sie-Stil"... *zwingen Sie uns, den Anwalt einzuschalten.*

Mit freundlichen Grüßen

Autohaus Müller

W. Rabenstein

W. Rabenstein

Anlage

Bis auf den handschriftlich abgekürzten und den maschinenschriftlich nicht ausgeschriebenen Vornamen ist der letzte Teil korrekt.

Der *Anlagenvermerk* wird an der richtigen Stelle genutzt und damit gleichzeitig eine längere Formulierung im Text gespart. Da der Zusatzauftrag im Betreff fehlt, sollte in der Zeile nach Anlage *Zusatzauftrag: Reifen prüfen und erneuern* stehen – als Beweis für die Richtigkeit der Zahlungsaufforderung.

Frau Lehmann wäre spätestens dann ein „Licht aufgegangen". Sie hätte bemerkt, dass dieser Auftrag von Ihrem Unternehmen erteilt worden ist und nicht von ihr selbst.

Vornamen ausschreiben

Autohaus Müller Kölner Straße 18 40356 Düsseldorf

Computer-Welt GmbH
Frau Lehmann
Postfach 10 30

40547 Düsseldorf

Ihre Nachricht vom	Unser Zeichen, unsere Nachricht vom	Telefon-Durchwahl	Düsseldorf
	ra 27.06.JJ	02 11–46 67 86	04.07.JJ

Korrekter Rechnungsbetrag – Zusatzauftrag für Reifen
Auftrag Nr. 202.285 vom 18.06./19.06.JJ

Sehr geehrte Frau Lehmann,

vielen Dank für Ihre Überweisung der Reparaturkosten.

Ihr Mitarbeiter – Herr Bauer – hat uns am 19.06.JJ mit Fax
beauftragt, bei Bedarf neue Reifen zu montieren.

Bitte überweisen Sie uns dafür noch den Komplettpreis von
1.740 DM (1.500 DM plus 240 DM MwSt.) **bis 21.07.JJ**.
Danke.

Mit freundlichen Grüßen

Autohaus Müller

Walter Rabenstein

Anlage
Auftragskopie

Kommentar zur Verbesserung

Optik und Form

S

Das Wichtige fällt durch den Fettdruck auf den ersten Blick auf: Die indirekte Aufforderung im Betreff *Korrekter Rechnungsbetrag* und im Text die noch zu zahlende Summe mit Frist.

Wichtiges ist hervorgehoben

Für den *Bezug* wurde die Zeile unter dem Betreff gewählt, da der vorgesehene Platz unter *Ihre Nachricht vom* für mehrere Datumsangaben nicht ausreicht.

Um den Text übersichtlich zu gestalten, ist für jeden Gedanken ein eigener *Absatz* reserviert. Dazu passt bei diesem kurzen Brief ein 1,5-zeiliger Abstand. Der gelungene *rechte Rand* rundet den guten optischen Eindruck ab.

Inhalt und Sprache

Der Betreff *Korrekter Rechnungsbetrag – Zusatzauftrag für Reifen* informiert Frau Lehmann klar über Anlass und Inhalt des Schreibens ohne dabei unhöflich zu klingen.

E
Aussagekräftiger Betreff

Durch die zwei Auftragsdaten im Bezug *18.06./19.06.JJ* wird unsere Leserin jetzt darauf aufmerksam, dass ein anderer Mitarbeiter Ihres Unternehmens noch einen Zusatzauftrag gegeben haben muss. Die Anlage dokumentiert diesen Auftrag.

Sehr geehrte Frau Lehmann,

vielen Dank für Ihre Überweisung der Reparaturkosten.

Wie im Original folgt ein positiver Einstieg, der jedoch konkreter ist und eine gedankliche Verbindung zum Betreff herstellt.

A
Positiver Beginn

Anschließend spricht Herr Rabenstein *kundenfreundlich* und *partnerschaftlich* das offensichtliche Missverständnis an.

Ihr Mitarbeiter – Herr Bauer – hat uns am 19.06.JJ mit Fax beauftragt, bei Bedarf neue Reifen zu montieren.

Die konsequente und höfliche Fortführung:

Bitte überweisen Sie uns dafür noch den Komplettpreis von
1.740 DM (1.500 DM plus 240 DM MwSt.) **bis 21.07.JJ**.

<table>
<tr><td>

A
Vorrechnen ist
kundenorientiert

</td><td>

Der Zusammenhang zum letzten Gedanken wird gut ersichtlich durch *uns dafür noch den*. Jetzt rechnet er der Leserin vor, wie sich der Gesamtbetrag zusammensetzt: *1.500 DM plus 240 DM MwSt.* Wieder ein Pluspunkt. Im Original-Brief musste Frau Lehmann selbst rechnen.

</td></tr>
<tr><td>

A
Dank

</td><td>

Nach einer höflichen Aufforderung – Frau Lehmann soll einen Betrag überweisen – folgt ein Dankeschön. Aus optischen Gründen steht der Dank in derselben Zeile. Um eine Wiederholung zu vermeiden, hier das Wörtchen *Danke*.

</td></tr>
</table>

Mit freundlichen Grüßen

Autohaus Müller

Walter Rabenstein

Anlage
Auftragskopie

Bei der *Unterschrift* werden Vor- und Zuname sowohl hand- als auch maschinenschriftlich genannt. Durch Fettdruck ist der Begriff *Anlage* kaum zu übersehen. Darunter steht kurz und bündig das treffende Stichwort.

Brief- und Faxbesprechungen mit Verbesserungsvorschlägen

Bitte erschrecken Sie jetzt nicht, wenn Sie den Vergleich der beiden Texte sehen. Die verbesserte Fassung ist mit 74 Informationen länger als das Original mit 71 Informationen. Woran liegt dies?

- Der *Betreff* ist konkreter und umfangreicher: plus acht Informationen.
- Das *Missverständnis* Zusatzauftrag wird aufgeklärt. Im Original war davon nicht die Rede. Plus 19 Informationen.
- Die Zusammensetzung des Differenzbetrags wird genau *vorgerechnet*: plus zwei Informationen.
- Ein *Danke* schließt den Brief positiv ab: plus eine Information.
- Der Begriff *Auftragskopie* steht unter dem Anlagenvermerk: plus 1 Information.

Zusammen *31 zusätzliche Informationen*.

Bei einem realistischen Vergleich müssen diese 31 Informationen berücksichtigt werden:

Original: 65 + 31 = 96 Informationen

Verbesserung: 71 Informationen.

Kürzung: 26 Prozent

Der letzte, drohende Satz im Original-Brief fällt zu Gunsten einer kundenorientierten Formulierung weg. Nicht Druck, sondern ein verständliches und höfliches Beschreiben der Situation soll Frau Lehmann dazu motivieren, den Fehler zu erkennen und den Restbetrag möglichst schnell zu überweisen. Welches Vorgehen ist wohl erfolgversprechender und für die weitere Geschäftsverbindung förderlicher?

10

E-Mail
Aufrechterhaltung d. Liefertreue – Fa. Wank

Sehr geehrter Herr Großmann,

bedingt durch die gestiegene Nachfrage an Stanzblechen haben sich die Lieferzeiten entsprechend verlängert.

Betroffen davon sind auch mehr und mehr Ihrer
täglichen Telefax-Bestellungen, die Sie uns mit teils
sehr kurzen Wunschterminen hereingeben.

Um auch weiterhin den bestehenden Lieferservice
aufrechterhalten zu können, empfehlen wir Ihnen, die
Bestellvorlaufzeiten zu erhöhen.

Durch eine Erhöhung der Bestellvorlaufzeiten für
Standardtypen auf mindestens 4 - 6 Monate können
wir besser auf eventuelle Bedarfsschwankungen
reagieren.

Natürlich werden wir im Rahmen unserer Möglichkeiten
auch weiterhin versuchen, die von Ihnen vorgegebenen
Wunschtermine zu realisieren.
Bitte haben Sie aber Verständnis, dass wir in der
momentanen Engpass-Situation Ihren Wünschen nicht
immer entsprechen können.

Mit freundlichen Grüßen
STANZ GMBH

Analyse der E-Mail

Inhalt und Sprache

Aufrechterhaltung d. Liefertreue – Fa. Wank

E
Unhöflich:
Abkürzungen im
Betreff

Mehrere Abkürzungen gelten auch im E-Mail-Betreff als unhöflich. Arbeitstechnisch spart diese optisch nicht ansprechende Variante insgesamt nur drei Zeichen.

Schlimmer aber sind die *Interpretationsprobleme:* Wer hält wem die Liefertreue, der Leser dem Absender oder umgekehrt? Wird jetzt nicht mehr wie vereinbart geliefert oder verlängern sich sogar die Lieferzeiten?

Der *moderne Betreff* lässt solche Fragen überhaupt nicht aufkommen. Er gibt stichwortartig eindeutige Auskunft über den Inhalt.

Brief- und Faxbesprechungen mit Verbesserungsvorschlägen

Sehr geehrter Herr Großmann,

bedingt durch die gestiegene Nachfrage an Stanzblechen haben sich die Lieferzeiten entsprechend verlängert.

Eine eigenwillige Satzkonstruktion mit einem grammatikalischen Problem: Es besteht Nachfrage *nach* Stanzblechen und nicht *an* Stanzblechen.

Achtung: Grammatik beachten!

TIPP Beginnen Sie wenn möglich mit einem positiven Inhalt oder mit einem Lob.

Betroffen davon sind auch mehr und mehr Ihrer täglichen Telefax-Bestellungen, die Sie uns mit teils sehr kurzen Wunschterminen hereingeben.

Dieser Satz ist umständlich und nicht zeitgemäß formuliert: Altmodisch sind *Telefax* und *hereingeben*, modern dagegen *Fax* und *faxen* oder *senden*.

> *... auch mehr und mehr* klingt sehr umgangssprachlich. Besser wäre *Betroffen davon sind immer häufiger (immer öfter)*. Das störende *auch* wurde weggelassen.

> *Kurze Wunschtermine* sind *kurzfristige* Wunschtermine – eine sprachliche Ungenauigkeit.

> Warum nicht so? *Dies betrifft immer häufiger Ihre täglichen Fax-bestellungen mit zum Teil sehr kurzfristigen Wunschterminen.*

E
Modern formulieren

Genau schreiben

Um auch weiterhin den bestehenden Lieferservice aufrechterhalten zu können, empfehlen wir Ihnen, die Bestellvorlaufzeiten zu erhöhen.

Ein aufgeblähter, mit einem „weißen Schimmel" – *bestehender Lieferservice* – geschmückter Anfang. Einen Lieferservice, der nicht *besteht*, gibt es nicht.

> Das Tätigkeitswort *aufrechterhalten* lenkt in eine negative Richtung: Der Lieferservice ist nicht grundsätzlich gefährdet. Ziel der E-Mail ist, dass Herr Großmann früher als bisher bestellt, um den gewohnten Service dadurch *beizubehalten*. Bestellvorlaufzeiten

P
Doppelaussage

E
Treffende Verben wählen

kann man nicht *erhöhen*, sondern nur *verlängern*. Auch hier: Oft produzieren Stress und Zeitnot Fehler. Herr Großmann ist nach dem Lesen im günstigsten Fall nur irritiert.

Durch eine Erhöhung der Bestellvorlaufzeiten für Standardtypen auf mindestens 4 – 6 Monate können wir besser auf eventuelle Bedarfsschwankungen reagieren.

E
Richtige Wortwahl

Der falsche Begriff *Erhöhung* – jetzt im Hauptwortstil – leitet den Folgesatz ein. Sehr ungewöhnlich ist, die Frist mit einer Zeitspanne von zwei Monaten zu definieren. Nach *mindestens* erwartet der Leser eine eindeutige Zeitangabe, zum Beispiel *mindestens 6 Monate*.

P
So konkret wie möglich

    Was bedeutet: *können wir besser auf eventuelle Bedarfsschwankungen reagieren?* Wie groß ist die Wahrscheinlichkeit, dass die Lieferung pünktlich oder zu spät eintrifft? Dies interessiert Herrn Großmann vorrangig. Darüber aber informiert ihn das Wort *besser* nur vage und ausweichend.

E
Kundenvorteil genau kennen

    Wahrscheinlich meinte der Verfasser *ist weitgehend sichergestellt*. Für den Kunden ist es ein großer Unterschied, ob der Hersteller auf Bestellungen *besser reagieren* oder deren pünktliche Lieferung *weitgehend sicherstellen* kann.

Natürlich werden wir im Rahmen unserer Möglichkeiten auch weiterhin versuchen, die von Ihnen vorgegebenen Wunschtermine zu realisieren.

P
Überflüssiges weglassen

Das Füllwort *natürlich* und die Floskel *im Rahmen unserer Möglichkeiten* können wir streichen und auf das *auch* – hier zum dritten Mal in der E-Mail – verzichten.

    Die Doppelaussage *die von Ihnen vorgegebenen Wunschtermine* formulieren wir schlanker mit *Ihre Wunschtermine*.

    Pseudohöfliche Formulierungen wie *versuchen* erzeugen leicht Misstrauen. Für den Leser ist dieses vage Versprechen selbstverständlich, denn als Kunde hat er schließlich ein Recht auf optimale Betreuung.

Bitte haben Sie aber Verständnis, dass wir in der momentanen Engpass-Situation Ihren Wünschen nicht immer entsprechen können.

Gut ist der mit einer Bitte eingeleitete Satzanfang und der persönliche Stil bei *Ihren Wünschen*. Das Wörtchen *momentan* kann für den Schreiber gefährlich werden. Wie lang ist das? In *momentan* klingt schon eine enge zeitliche Begrenzung mit: also besser streichen. Was bedeutet in diesem Zusammenhang *nicht immer*? Der Verfasser hat nicht den Mut, Partei für den Kunden zu ergreifen und sich genauer festzulegen. Dieser Schluss-Satz ist nicht nur relativ unverbindlich, sondern er bringt auch eine negative Aussage.

E
Richtige
Wortwahl treffen

TIPP Beenden Sie Ihr Schreiben *positiv*! Gerade Briefanfang und Briefende als Schlüsselstellen beeinflussen die Beziehung zum Leser stärker als die Passagen dazwischen.

Viel *Überflüssiges*, *altmodische* Begriffe und *ungenaue* Formulierungen verhindern, dass der Leser am Ende weiß, woran er ist. Dadurch ist das Schreiben auch nicht kundenfreundlich. *Umständliche Satzkonstruktionen* beeinträchtigen außerdem die Verständlichkeit.

Fazit: Schwer
verständlich und
wenig
leserorientiert

E-Mail

Lieferzeiten für Stanzbleche verlängern sich
Einhaltung Ihrer Wunschtermine

Sehr geehrter Herr Großmann,

vielen Dank für Ihre umfangreichen Aufträge.

Die sehr positive Auftragsentwicklung führt zu längeren
Lieferzeiten.

Bitte bestellen Sie deshalb **mindestens 6 Monate** vor der
gewünschten Auslieferung. So stellen Sie weitgehend sicher,
dass Sie Standardtypen auch in Zukunft termingerecht
bekommen.

Haben Sie bitte Verständnis für unsere neue Regelung.

Unser Ziel ist es, in **Ausnahmefällen** kurzfristige Lieferwünsche trotz der Engpass-Situation zu erfüllen.

Mit freundlichen Grüßen

STANZ GMBH

Kommentar zur Verbesserung

Inhalt und Sprache

Lieferzeiten für Stanzbleche verlängern sich
Einhaltung Ihrer Wunschtermine

S
Konkreter Betreff

Mit diesem Betreff ist der Leser eindeutig und umfassend informiert.

94 *Brief- und Faxbesprechungen mit Verbesserungsvorschlägen*

Sehr geehrter Herr Großmann,

vielen Dank für Ihre umfangreichen Aufträge.

Auf der Sachebene wird die Chance genutzt, sich für mehrere Aufträge aus der letzten Zeit schriftlich zu bedanken. Gleichzeitig dient dieser positive Beginn der Beziehungspflege.

A
Dank am Anfang

Die sehr positive Auftragsentwicklung ist der Grund für die längeren Lieferzeiten.

Schon am Satzanfang nennt der Schreiber den Grund für die Verlängerung der Lieferzeiten. *Die sehr positive Auftragsentwicklung* gibt zwischen den Zeilen zu verstehen, dass man nicht mit einem so deutlichen Anstieg der Aufträge gerechnet hat. Anderenfalls hätte man schon vorher längere Lieferzeiten ankündigen müssen.

A
Liefern Sie die Gründe

Bitte bestellen Sie deshalb mindestens 6 Monate vor der gewünschten Auslieferung.

Die *eindeutige und höfliche Aufforderung* in Form einer Bitte zeigt dem Leser, wie er in dieser angespannten Situation rechtzeitig zu seinen Stanzblechen kommt. Im Unterschied zur Original-E-Mail muss der Kunde Fristen und Bestellverhalten nicht interpretieren.

A
Bitte

So stellen Sie weitgehend sicher, dass Sie Standardtypen auch in Zukunft termingerecht bekommen.

Der Übergang zum letzten Satz, der mit *So* beginnt, ist gelungen. In der Argumentation wurde die Perspektive des Lesers durch den „Sie-Stil" berücksichtigt.
   Nun liegt es weitgehend beim Leser, ob er die Stanzbleche zum gewünschten Termin erhalten kann.

Haben Sie bitte Verständnis für unsere neue Regelung.

Ein *psychologisch geschickt formulierter Appell* an den Leser ist sinnvoll, um ihn ohne Druck für die eigenen Ziele zu gewinnen. Er soll die

A
Werben Sie für Zustimmung

Forderung – zwei Sätze vorher genannt – akzeptieren. Zur Abwechslung steht hier *bitte* im Satz.

Oft wird dieser Gedanke falsch ausgedrückt: *Vielen Dank für Ihr Verständnis.* Oder: *Wir danken Ihnen für Ihr Verständnis.* Dadurch, dass das Verständnis des Lesers vorausgesetzt wird, fühlt er sich überfahren. Deshalb ist diese Formulierung nicht kundenfreundlich.

Unser Ziel ist es, in Ausnahmefällen kurzfristige Lieferwünsche trotz der Engpass-Situation zu erfüllen.

A
Positiver statt
negativer Schluss

Ein positiver Inhalt mit einem *Angebot* beendet den Text. Damit wird dem Leser nicht nur gezeigt, wie wichtig er ist, sondern dass man sich auf seine Bedürfnisse – so gut es geht – einstellt.

Mit freundlichen Grüßen

STANZ GMBH

Mustergültig ist der formale Teil am Schluss. Die Grußformel könnte – besonders bei dieser E-Mail – individueller sein: *Freundliche Grüße nach Heilbronn.*

Textlängenvergleich

Original: 117 Informationen
Verbesserung: 75 Informationen
Kürzung: 36 Prozent

Die überarbeitete E-Mail ist vom Betreff über den Einstieg bis zum Schluss durchweg verständlich und kundenorientierter als das Original. Dieser Stil *motiviert* Herrn Großmann zum Lesen und dazu, auch zu Ende zu lesen. Er lenkt nicht durch schlechte oder falsche Wortwahl und Grammatikfehler davon ab.

Missverständnisse sind auf ein Minimum reduziert. Herr Großmann erfährt, was er tun kann, um künftig einen möglichst reibungslosen Bestell- und Lieferablauf zu sichern.

Brief- und Faxbesprechungen mit Verbesserungsvorschlägen

E-Mail

Der technische Fortschritt verändert die Kommunikationsmedien ständig. Gehört das Faxgerät inzwischen zur Grundausstattung eines Büros, so geht seit einigen Jahren der Trend zur papierlosen Nachrichtenübermittlung. Immer mehr Unternehmen nutzen die Möglichkeit Informationen als E-Mail – *Electronic Mail* – zwischen Computern über das Telefonnetz zu versenden.

Papierlose Nachrichtenübermittlung

Eindeutiger Schwerpunkt der E-Mails ist zur Zeit die interne Kommunikation. Trotzdem prognostizieren Fachleute dem „Papier-Brief" für die Zeit nach der Jahrtausendwende große Konkurrenz durch die elektronische Post.

Interne Kommunikation

Was bedeutet diese Entwicklung für uns Schreiberinnen und Schreiber? Wie können wir auch bei elektronischen Briefen die Qualitätsmerkmale *Verständlichkeit* und *Kundenorientierung* umsetzen?

E-Mails bieten eine breite Palette von Anwendungsmöglichkeiten. Alle Textarten, Formulare, Grafiken, Zeichnungen lassen sich übermitteln und bei entsprechender Software vom Empfänger bearbeiten. Unterschiedliche Software zwischen Schreiber und Leser kann die Vielseitigkeit von E-Mails jedoch einschränken und erklärt den fast ausschließlich internen Gebrauch dieses Systems.

Viele Anwendungsmöglichkeiten

Vor- und Nachteile elektronischer Post

E-Mails kosten kein Porto und verbrauchen normalerweise auch kein Papier. Da sogar Kopien eines Textes auf elektronischem Weg schnell zu einem großen Verteiler kommen, verringern sich Zeitaufwand und Kosten spürbar.

Geringe Kosten und geringer Zeitaufwand

Schnelligkeit

Wenn Sie Ihren Text und selbst umfangreiche Nachrichten als E-Mail abschicken, erhält Ihr Leser oder Ihre Leserin diese Informationen innerhalb weniger Minuten. So schnell ist kein anderes schriftliches Medium.

Effiziente Verwaltung

Alle Briefe, Notizen oder Tabellen lassen sich durch ein effizientes Ablagesystem mit Suchbegriffen rasch finden. Die Verwaltung und Weiterbearbeitung von Dokumenten wird dadurch wesentlich erleichtert.

Adressen nicht flächendeckend

Obwohl immer mehr Unternehmen und Privatleute „online" sind, weist das „Netz" noch sehr viele Lücken auf. Solange Ihre Empfänger keine E-Mail-Adresse haben, können Sie Ihnen auch keinen elektronischen Brief schicken. Erst wenn dieses Kommunikationsmedium flächendeckend verbreitet ist, wird es seine spezifischen Vorteile ausspielen können.

Sicherheitspannen im System

Bei der Übermittlung der Daten sind Pannen möglich: Der falsche Adressat bekommt die Nachricht, eventuell geht Ihr Text „unterwegs" auch einmal verloren.

Unverbindlichkeit

Ein dickes Minus bedeutet die geringe Verbindlichkeit elektronischer Post. Da Sie keinen Text unterschreiben können, sind sensible oder sehr wichtige Texte, zum Beispiel Verträge, für die elektronische Übermittlung ungeeignet. In solchen Fällen kommen Sie an einem „Papier-Brief" nicht vorbei.

Lesebestätigung nutzen

Außerdem kann eine Reaktion auf Ihre E-Mail auf sich warten lassen. Arbeitet Ihr Empfänger eine Zeit lang oder den ganzen Tag nicht am PC, nützt Ihnen auch die Schnelligkeit der E-Mail-Übertragung nichts. Als Sender haben Sie zwar die Nachricht auf schnellstem Weg übermittelt, sie wartet dann aber aufs „Abholen". Nutzen Sie daher – wenn möglich – die Option der automatischen Lesebestätigung.

Hohe Startkosten

Sie brauchen einen Rechner und Software, die langfristig aktualisiert wird um die Kompatibilität Ihres Systems zu gewährleisten. Nicht zu vergessen sind die laufenden Kosten: Telefon- und Nutzungsgebühren für das Datennetz fallen immer dann an, wenn Sie „online" sind.

Wie steht es um Form und Sprache?

Die Programm-Maske für eine E-Mail enthält immer die Adresse des Absenders, die Adresse des Empfängers und eine Betreffzeile. Daneben können Sie noch den Verteiler bei *CC* oder *Kopie an* und die Anlage festlegen.

E-Mail-Kopf

Für die Textgestaltung gibt es keine verbindlichen Vorschriften, denn die elektronische Post hat noch keine eigenständige Form entwickelt. Um jedoch den für „Papier-Briefe" geltenden Qualitätsstandard zu halten, bietet sich auch für E-Mails die DIN 5008 als Richtschnur an. Bedauerlicherweise kann sich die Form Ihres Textes völlig verändern, falls er auf einem anderen Drucker ausgedruckt wird. Selbst wenn die DIN 5008 systembedingt nicht einzuhalten ist, so hat die Form des „klassischen" Geschäftsbriefs immer Vorbildfunktion. Ein guter rechter Rand und ein optisch schön gegliederter Text sind kein Luxus und zeigen Ihre Leserorientierung.

Optische Gestaltung

Auch für E-Mails gilt: Nutzen Sie die Aussagekraft eines konkreten Betreffs. In der Maske des Ablagesystems wird der Betreff angezeigt und der Empfänger entscheidet danach, ob er den Text überhaupt aufruft.

Konkreter Betreff

Mit welcher Anrede Sie beginnen und mit welchem Gruß Sie den Brief beenden, das bleibt Ihnen überlassen – vorausgesetzt, Sie sind höflich. Achten Sie darauf, daß Ihr Schreibstil dem Inhalt angemessen ist. Wichtig: Verzichten Sie weder auf die Anrede noch auf den Gruß.

Gruß und Anrede

Denken Sie an Ihre Leserinnen und Leser. Vernachlässigen Sie Grammatik und Rechtschreibung nicht, sonst leidet die Verständlichkeit Ihres Textes. Schnelligkeit kann Leserorientierung nicht ersetzen.

Grammatik und Rechtschreibung

In der gegenwärtigen Übergangsphase sind Form und Stil nahezu frei von Vorgaben. Dominieren E-Mails künftig die Korrespondenz, haben auch hier die vier Verständlichmacher ihre volle Berechtigung.

Vier Verständlichmacher anwenden

Tipps und Empfehlungen

- Wenden Sie die vier Verständlichmacher an.
- Halten Sie den Verteiler klein und senden Sie nicht unaufgefordert große Anlagen.
- Geben Sie Ihrem Leser ausreichend Zeit zur Antwort.
- Informieren Sie sich über firmeninterne Regeln zur Verwendung von E-Mails.
- Nutzen Sie E-Mails, wenn vor allem Schnelligkeit im Vordergrund steht.
- Wollen Sie verbindliche Aussagen übermitteln, sind E-Mails ungeeignet.
- Nutzen Sie gezielt Optionen wie automatische Empfangsbestätigung oder automatische Lesebestätigung.
- Vorsicht bei Unterstreichungen oder Fettdruck. Arbeiten Sender und Empfänger mit unterschiedlichen, nicht kompatiblen Systemen, dann empfängt der Adressat vielleicht nur Steuerzeichen und keinen lesbaren Text.

Moderne Formulierungen als Qualitätsmerkmal

Geschäftskorrespondenz enthält häufig altmodische Begriffe, überflüssige Wörter und Floskeln. Dies führt zu langen Texten, die umständlich klingen und schwer zu verstehen sind.

Viele Formulierungen, die vor 20 Jahren noch angemessen waren, sind heute überholt. Um zu zeigen, dass jede Zeit ihren Korrespondenzstil hat, hier zitieren wir ein Beispiel von Dr. Carl Otto aus seinem Buch *Der Haussekretär*. Darin empfiehlt er vor über 100 Jahren folgenden Glückwunsch zum Geburtstag des Vaters:

Mein lieber Vater! Nicht bloß Dankbarkeit und kindliche Pflicht zwingen mich, Dir zum heutigen Festtage meine wärmsten Wünsche auszusprechen, sondern meine aufrichtige und herzliche Liebe allein läßt mich jede Gelegenheit benutzen, um sie Dir gegenüber zum Ausdruck zu bringen.

Gerade am Wortschatz zeigt sich der immer schneller werdende Sprachwandel. Wie bei den neuesten Produkten bevorzugen die meisten Leser auch einen *modernen Schreibstil*. Aber keine Angst! Sicher haben Sie an unseren Beispielen schon bemerkt, dass wir darunter nicht die aktuelle Jugendsprache oder schnelllebige Sprachmoden verstehen.

Wer glaubwürdig und effizient für ein neues Produkt werben will, vergrößert mit einer modernen Korrespondenz seine Erfolgschancen erheblich. Kunden bemerken den Widerspruch zwischen einem modernen Angebot und veralteter schriftlicher Präsentation. Dieser negative Eindruck wird leicht auf das Produkt oder die Dienstleistung übertragen. Damit werden Mitbewerber interessanter.

Andere Zeiten – anderer Schreibstil

Schnelle Veränderungen in der Sprache

Modernes Angebot – moderner Schreibstil

Was können Sie als Schreiberin oder Schreiber tun?

Texte laut lesen

Lesen Sie sich Ihren Text wenn möglich laut vor. Fragen Sie sich dabei: „Würde ich dieses Wort oder diese Formulierung auch im Gespräch oder beim Telefonieren benutzen?" Nehmen Sie kleinste Zweifel ernst und schauen Sie in der folgenden Übersicht nach. Taucht Ihr Wort in der linken Spalte auf, finden Sie in der Spalte daneben mindestens eine moderne Alternative.

Nach und nach modernen Wortschatz erwerben

Versuchen Sie auf keinen Fall, alle altmodischen Formulierungen in kurzer Zeit aus Ihrem Wortschatz zu verbannen. Arbeitstechnisch sinnvoll ist, da zu beginnen, wo Ihnen Ihr Gefühl schnell eine positive Rückmeldung gibt und Sie die Korrektur akzeptieren können.

Moderne Alternativen

In der Wortliste finden Sie rechts zeitgemäße Wörter gerade gedruckt. Die Kommentare erscheinen kursiv.

A

abhalten, Schulungen ...	Personal schulen, Schulungen durchführen
abklären	klären
abkopieren	kopieren
ablehnen	*Reizwort, besser:* es ist nicht möglich
abschließend	*weglassen*
Anbetracht, in ...	wegen
anfallen, Kosten fallen an	Kosten entstehen, kosten
anfertigen	fertigen, herstellen, produzieren
Anforderung	Forderung, fordern
Angelegenheit	*konkret nennen (klingt juristisch)*
anhand, ... der Liste bestellen	mit der Liste bestellen, auf der Bestell-Liste ankreuzen
anlässlich	bei, bei dem

Moderne Formulierungen als Qualitätsmerkmal

Anliegen	Wunsch, Anfrage
Annahme, in der ...	angenommen, vorausgesetzt
aufsuchen	besuchen
auftragsgemäß	wie im Auftrag/Vertrag vereinbart
aufweisen, einen Schaden ...	ist beschädigt, hat einen Schaden
aus diesem Grund(e)	deshalb
ausmachen, einen Termin ...	vereinbaren, abstimmen, sich einigen auf

baldmöglichst	möglichst bald, schnell, *Datum nennen*
Beantwortung, in ... Ihres Schreibens	*Bedanken Sie sich oder geben Sie gleich die Antwort*
bedanken, wir möchten uns ...	vielen Dank für ...
Bedauern, zu unserem ...	*Ist hier eine Entschuldigung gefragt?*
bedenken Sie	*anmaßend, besser:* bitte beachten Sie
Bedingungen	*Entschärfen:* Wenn Sie ..., vorausgesetzt Sie ...
befürworten	stimmen für, sich einsetzen für, für etwas sein
begrüßen, wir würden es ...	wir würden uns freuen, wir freuen uns
beigefügt, im beigefügten Schreiben	*weglassen, nutzen Sie den Anlagenvermerk*
beiliegend	mit diesem Brief erhalten/bekommen Sie
beinhalten	enthalten, umfassen, einschließen
Beisein, im ... von Herrn X	mit Herrn X
belaufen, Kosten ... sich auf	sind, betragen, kosten
Bemühungen, Vielen Dank für Ihre ...	*psychologisch negativ, besser:* Hilfe, Mitarbeit Unterstützung, Kooperation
benötigen	*psychologisch negativ, besser:* brauchen, bitte schicken Sie uns
Bescheid, negativen ... geben	ablehnen, absagen

Bescheid, positiven ... geben	zustimmen, genehmigen, erlauben
Betracht, nicht in ... kommen	ist nicht möglich, weil
Betrag ... in Höhe von X DM	*Doppelaussage, besser:* Betrag von X DM
Betreff, betreffend, betreffs, betrifft	*ungebräuchlich, weglassen*
bezüglich ... Ihrer Anfrage	wegen. *Besser: bedanken oder gleich zur Sache kommen*
binnen	in, innerhalb
bislang	bisher, bis heute, früher, vorher
bitten wir ... um	Bitte schicken Sie ... – „Bitte" *gehört an den Anfang!*
Buchung ... vornehmen	*Streckverb, besser:* buchen

D

dankend	vielen Dank für
darlegen, einen Sachverhalt ...	informieren über, berichten über, beschreiben
demgegenüber	dagegen, andererseits
derartige	diese, solche
derzeitig, derzeit	zur Zeit, momentan – *Datum nennen oder Zeitangabe*
des weiteren	außerdem, weiter, weiterhin
diesbezüglich	wegen, deswegen, dazu
d. J., im März dieses Jahres	im März JJJJ
Durchschrift	Kopie
dürfen, ... wir Sie darauf hinweisen	*weglassen, besser:* Hinweis, wichtiger Hinweis für Sie

E

Eheleute	Frau X, Herr X
eingereichte Unterlagen	*nur:* Unterlagen
einräumen, einen Kredit ...	Sie bekommen ...
einreichen	senden, schicken
Entlastung, erhalten Sie zu unserer ...	*weglassen, besser:* Sie erhalten
entsprechen, Ihrem Wunsch ...	Ihren Wunsch erfüllen
erbetene Information	gewünschte, angeforderte Information
ergeben sich folgende Preise	führt zu diesen Preisen, unsere neuen Preise: ...
erklären uns einverstanden	sind einverstanden

Moderne Formulierungen als Qualitätsmerkmal

erlauben, wir ... uns	*weglassen, gleich den Inhalt bringen*
erwarten, wir ... das Material bis	bitte schicken Sie uns das Material bis
erwägen	überlegen, prüfen

fakturieren	berechnen	**F**
fällig, am ...	Zahlungstermin ist der ..., bitte zahlen Sie bis ...	
ferner, fernerhin	weiter, weiterhin, außerdem	
folgende (Vorteile)	moderner ist: diese	
folgendermaßen	wie folgt, so, auf diese Weise	
freundliche Unterstützung	Vielen Dank für Ihre Unterstützung	
frühzeitig	rechtzeitig, schnell, pünktlich *oder Termin nennen*	

gegebenenfalls	falls, wenn, eventuell	**G**
gegenseitig. in gegenseitigem Interesse	auch in Ihrem Interesse, unser gemeinsames Interesse	
gegenstandslos (Betrachten Sie dieses Schreiben als ..., wenn Sie diesen Betrag schon überwiesen haben)	*besser:* Unsere Aufforderung gilt nicht, wenn Sie diesen Betrag schon überwiesen haben	
gegenzeichnen	ebenfalls/auch unterschreiben	
geht, das Schreiben ... an Herrn X	erhält Herr X, ist adressiert an Herrn X	
gemäß/gem. § X ist zu prüfen	nach § X ist zu prüfen	
generell	*besser:* allgemein, im Allgemeinen – *oder weglassen*	
genötigt sehen	gezwungen sein	
gerne	gern – *setzt sich langsam durch*	
getrennt, mit getrennter Post	erhalten Sie von uns eine Information, bekommen Sie in einer Woche eine Information	
gewähren, einen Kredit ...	Sie erhalten/bekommen einen Kredit	
Grund, auf ... von	wegen, der Grund: ...	
Grund, aus diesem ...	deshalb, daher	

Moderne Alternativen

grundsätzlich	*Verlegenheitsformel, weglassen*
Gültigkeitsdauer	gültig, gilt bis ...

H

Hause, in Ihrem ...	*moderner:* Haus
hierbei	dabei
hierfür	dafür
hiermit bestätigen wir	*meistens weglassen, oder:* Wir bestätigen Ihnen
hiermit erklären wir	*meistens überflüssig*
hinfällig, Kündigung ist ...	ungültig, nicht gültig
hingegen	dagegen
hinreichend	ausreichend, genug
hinsichtlich	*weglassen*
hinweisen	*direkt aussprechen*
hinzufügen, wir möchten noch ...	*Vorreiter, besser weglassen*
hoffen, wir ...	*Lieblingswort vieler am Briefende: weglassen, weil psychologisch negativ*

I

Ihrerseits	Sie, von Ihnen, Ihre
irrtümlich	*weglassen, Fehler offen zugeben und entschuldigen:* Bitte entschuldigen Sie

J

Jahre, im ... JJJJ	modern: im Jahr JJJJ – *„e" weglassen*
jederzeit	*weglassen*

K

Kenntnis, in ... setzen	informieren, mitteilen
Kenntnisnahme, zur ...	Information – *oder als Tätigkeit:* informieren
Kraft, in ... treten	gelten, gilt seit ...
Kosten belaufen sich auf	Kosten betragen/sind, Kosten: ...

L

Lasten, zu unseren ...	wir übernehmen, wir zahlen
Laufe, im ... von	in X Tagen, Wochen, am *[Datum]*
laut § X	nach § X
lauten, Adresse lautet wie folgt	Unsere Adresse ist: ...

Moderne Formulierungen als Qualitätsmerkmal

lediglich	nur
leider	*abgenutzt, nur im Notfall verwenden*
letztmalig	das letzte Mal, zum letzten Mal
Lieferungsbedingungen	Lieferbedingungen

M

maßgebend, maßgeblich	entscheidend, ausschlaggebend, wesentlich
Meinung, meiner/unserer ... nach	*Sagen Sie Ihre Meinung ohne „Meinung" zu sagen!*
melden, wir ... uns bei Ihnen	Herr X ruft Sie an
Mithilfe	Hilfe, Unterstützung, Mitarbeit, Kooperation
mitteilen, wollen wir Ihnen ...	*Sagen Sie gleich, was Sie mitteilen wollen.*
mittels	mit, durch
möchten uns bedanken	vielen Dank für – *oder zur Verstärkung mit einem Ausrufezeichen beenden.*

N

nachfolgende Vorteile	folgende, diese Vorteile
nachgehen, den Mängeln ...	Mängel beseitigen (lassen)
nachprüfen	*meistens:* prüfen, überprüfen
nachstehenden Betrag	folgenden, diesen Betrag
Nachtrag, im ... zum Schreiben	ergänzend, zusätzlich zum Schreiben
nahezu	fast
nunmehr	jetzt, von diesem Zeitpunkt an – *oder streichen*

O

o. a., oben angeführte Verträge	*streichen, besser:* diese Verträge
o. g., obengenannte Verträge	*meistens überflüssig, besser:* diese Verträge
obiges	*weglassen – oder:* dieses

P

per Fax erhalten Sie	als Fax erhalten Sie
Preisangabe	Preis
Prüfung vornehmen	prüfen

R

Rate, zu ... ziehen	fragen, sich erkundigen
Rechnung, in ... stellen	etwas berechnen
regulieren, Schaden ...	bezahlen, begleichen
richten, Ihren Auftrag ... Sie an	senden, schicken
Rückantwort	Antwort – *Doppelaussage*
Rücksprache (... führen)	Gespräch, Besprechung, noch einmal sprechen mit

S

sämtliche	alle
Schriftstück	Information, Unterlage
Seite, von unserer ... wurde	wir haben
seitens	von, durch – *oder aktiv formulieren*
sicherlich	sicher, wahrscheinlich
sofern	wenn, falls
stattgeben	genehmigen, befürworten – *oder: direkt ausdrücken*
stehen wir Ihnen zur Verfügung	wir beantworten Ihre Fragen gern
Stellung nehmen	beantworten, Meinung, *Ergebnis mitteilen*
stets	immer, dauernd

T

telefonisch sprechen mit	telefonieren

U

überlassen, wir ... Ihnen Unterlagen	Sie erhalten die Unterlagen
übermitteln, ein Fax ...	schicken, Sie erhalten/bekommen
übersenden	senden, schicken *oder* Sie erhalten
Überzeugung, wir sind der ...	*weglassen, psychologisch negativ*
Übrigen, im	*weglassen, modern:* Übrigens: ...
umgehend	sofort, gleich, jetzt – *Datum angeben*
umseitig	auf der Rückseite
Umständen, unter diesen ...	in dieser Situation – *oder weglassen*
unentgeltlich	ohne Bezahlung, gratis, kostenlos
ungeachtet	trotz, obwohl
unkorrekt	falsch, nicht richtig
Unkosten	Kosten

Moderne Formulierungen als Qualitätsmerkmal

unsererseits	*streichen, besser:* wir
unterbreiten, einen Vorschlag ...	einen Vorschlag machen *oder* vor-schlagen
unterlaufen, uns ist ein Fehler ...	wir haben einen Fehler gemacht
unterrichten	*meistens ist* informieren, mitteilen *gemeint*
Unterschrift, mit Ihrer ... versehen	bitte unterschreiben Sie
unterzeichnen	unterschreiben
unverbindliches Angebot	*Sagen Sie, wie lang Ihr Angebot gilt!*
veranlassen	*Schreiben Sie konkret, was Sie „veranlasst" haben!*
verbindlich(st)en Dank	Danke, vielen Dank, herzlichen Dank
verbleiben ...	*Verstoß gegen DIN 5008:*
mit freundlichen Grüßen	*Text und Gruß nicht verbinden!*
verbleibende	restliche, der Rest
Verfügung, zu Ihrer ...	für Sie, für Ihre Unterlagen
Verfügung, zur Beantwortung Ihrer Fragen stehen wir Ihnen zur ...	*Floskel:* Ihre Fragen beantworten wir gern, Ihre Fragen beantwortet Frau X gern
vergüten	zahlen, überweisen
vermerken	notieren, aufschreiben, protokol-lieren
Versehen	*besser und selbstbewusster:* Fehler
versehen, mit Firmenstempel ...	*weglassen:* mit Ihrem Firmen-stempel
verstehen, unsere Preise ... sich ohne MwSt.	auf unsere Preise werden X % Mehrwertsteuer berechnet
vertragsgemäß	wie im Vertrag vereinbart
vertrauensvolle Zusammenarbeit	(sehr) gute Zusammenarbeit
verweisen	*Gleich sagen, was zu tun ist!*
Verwendung, Sie erhalten zur Ihrer ...	*weglassen oder:* für Sie, für Ihre Unterlagen
vorbehalten, wir behalten uns vor	*konkret formulieren:* wenn Sie ..., dann ... *Oder:* bitte tun Sie ..., damit ...

vorerst	zunächst, jetzt, *Datum nennen*
Vorgehensweise	Vorgehen – *Doppelaussage*
vorgenannte	diese, die genannte
vorlegen, einen Nachweis ...	schicken, senden
vorliegen, Schreiben liegt Ihnen vor	das Schreiben haben Sie erhalten
vornehmen, Überweisung ...	überweisen – *Hauptwort auf -ung durch Verb ersetzen*
Vorzug geben	bevorzugen, vorziehen

W

Wahrung der Frist	Einhaltung, *besser:* einhalten
Weise, auf diese ...	so
wenngleich	obwohl, trotz
Wichtigkeit, ist von ...	ist wichtig – *oft ist eine Begründung sinnvoll*
wissen, lassen Sie uns ...	bitte informieren Sie uns
wohnhaft in	wohnen in

Z

Zeitpunkt, zum jetzigen ...	jetzt, momentan
Zeitraum, im ... von Januar bis Mai	in der Zeit von ..., von Januar bis Mai
Zeugnisunterlagen	Zeugnis(se)
Zuge, im ... dieser Reform	bei dieser Reform, *oder direkt formulieren*
zugehen, Unterlagen ... lassen	senden, schicken
zukommen lassen	senden, schicken
zukünftig	künftig
zunächst möchten wir mitteilen	*gleich den Inhalt mitteilen*
zurückerstatten	erstatten, bezahlen, überweisen
zurückgeben, Unterlagen ...	schicken, senden
zusagen, sagt Ihnen dies zu	wenn Sie sich dafür entscheiden, dafür sind
zusammenfassend	*merkt der Leser selbst, besser:* Zusammenfassung
zusenden	senden, schicken
zustellen	liefern, bringen, senden, schicken
zutreffend	richtig
zwecks	zum, zur, für, um ... zu ..., wegen
zwischenzeitlich	inzwischen

Moderne Formulierungen als Qualitätsmerkmal

Übungen zum modernen Schreibstil

Zu modernen Produkten und Dienstleistungen passt auch ein moderner Korrespondenzstil. Was passiert, wenn Texte diese Anforderung nicht erfüllen? Dann wirkt sich dies früher oder später negativ auf das Image Ihres Unternehmens aus.

Warum modern?

Künftig soll Ihr Stil vielmehr die Dienstleistungen oder Produkte Ihres Unternehmens aufwerten. Ein zusätzlicher Vorteil: Moderne Formulierungen sind nicht nur verständlicher, sondern auch kürzer.

Zum Üben haben wir für Sie diese Fehler zusammengestellt, die in der Geschäftskorrespondenz sehr oft auftauchen:

Typische Fehler

- altmodischer Brief-/Faxanfang
- nicht zeitgemäße Wortwahl,
- unhöfliche Formulierungen,
- veralteter „Wir-Stil",
- altmodisches Brief-/Faxende.

Bitte tragen Sie auf den vorgegebenen Zeilen Ihre modernen Formulierungen ein. Vergleichen Sie diese danach mit unseren Verbesserungsvorschlägen im Anhang ab Seite 133.

Nur durch Schreiben verbessern Sie Ihren Stil

Achten Sie auf den Briefanfang!

Übung 1

Sehr geehrte Frau Baumann,
Ihr Schreiben vom 03.04.JJJJ haben wir erhalten.

Sehr geehrter Herr Schmid,
vielen Dank für Ihre Ausschreibungsunterlagen zu o.g. Bauvorhaben.

Sehr geehrte Frau Lohmann,
leider ist es mir derzeit noch nicht möglich, Ihnen die gewünschten Kopien zu übersenden.

Sehr geehrter Herr Schwarz,
unter Bezugnahme auf das zwischen Ihnen und unserer Frau Berger geführte Gespräch freuen wir uns, Ihnen nachfolgendes Angebot unterbreiten zu können: ...

Übungen zum modernen Schreibstil

Moderne Wortwahl nutzen!

Wir danken allen Beteiligten im Voraus für die Bemühungen.

Übung 2

Zu diesem Zweck erhalten Sie eine Kopie des uns eingereichten
Zahlungsauftrages zurück.

Seit geraumer Zeit besteht nunmehr unsere Geschäftsverbindung.

Als Anlage fügen wir diesem Schreiben unsere Antragsformulare
nebst Selbstauskunft bei.

Ein Verrechnungsscheck über den vorgenannten Betrag geht
Ihnen in den nächsten Tagen zu.

Schreiben Sie höflich

Übung 3

Wir bitten Sie, uns die Preisliste zuzusenden.

Wir bitten um Überweisung der ausstehenden Monatsbeiträge.

Nachfolgend haben wir die sechs Punkte unserer letzten Besprechung zusammengefasst:

Damit wir den Bericht fertig stellen können, bitten wir Sie, uns noch diese Informationen zu geben: ...

Aufgrund der Betriebsdaten Ihres Fahrzeuges können wir keine Reparaturkosten übernehmen. Wir danken Ihnen für Ihr Verständnis.

„Sie-Stil" statt „Wir-Stil"

Die Rechnung schicken wir Ihnen nach Lieferung der letzten Jacke zu.

Übung 4

Wir werden Ihnen in den nächsten Tagen entsprechende Formulare zusenden.

Nachfolgend haben wir die vier Themen unserer letzten Besprechung zusammengefasst: ...

Als Anlage senden wir Ihnen eine Broschüre, woraus Sie ersehen können, in welchen Berufen wir Auszubildende einstellen.

Ich habe diesem Schreiben vorbereitete Formulare zur Überweisung beigefügt.

Achten Sie auf das Briefende!

Übung 5

Vielen Dank für Ihr Verständnis.

Wir danken Ihnen für Ihre erneuten Bemühungen.

Für Rückfragen stehen wir Ihnen jederzeit zur Verfügung.

Wir hoffen, Ihnen mit diesen Angaben geholfen zu haben, und verbleiben

mit freundlichen Grüßen

Wir bedauern, Ihnen keinen günstigeren Bescheid geben zu können.

Übungen zum prägnanten Schreibstil

Warum prägnant?

In seinem Buch *Kürzer, knapper und präziser* schreibt Rolf W. Schirm: *„Verzichten Sie auf jedes Wort, das nichts Wesentliches aussagt. Es ist unnützer Ballast, kostet Zeit beim Schreiben und Lesen und mindert die Wirkung"* (S. 32).

Weshalb halten sich dann die meisten Briefschreiber nicht daran, setzen mehr auf Quantität statt Qualität? Mehrere Ursachen führen zum weitschweifigen Stil. In der Schule wird moderne Korrespondenz kaum gelehrt, im Beruf wird zu wenig Zeit darauf verwendet, gute Texte zu verfassen.

Dabei handelt es sich bei Briefen auch um Produkte, von denen die Kunden Qualität erwarten dürfen und auf die sie positiv oder negativ reagieren. Dies machen sich nur die Wenigsten klar. Schreiben hat viel mit Kreativität zu tun. Deshalb lassen sich mustergültige und wirksame Formulierungen auch nicht „aus dem Ärmel schütteln". Profis wissen das und nehmen sich die Zeit zum Schreiben.

Die meisten Mitarbeiterinnen und Mitarbeiter sind mit dem modernen Korrespondenzstil nicht vertraut, weil er in der Regel nicht trainiert wird. Was bleibt anderes übrig als den umständlichen und altmodischen Stil, der in der eigenen Arbeitsgruppe oder Abteilung vorherrscht, nachzuahmen.

Fehler durch Üben vermeiden

Wie finden Sie zu einem prägnanten Schreibstil, mit dem Sie über 20 Prozent Text einsparen können? Beginnen Sie am besten gleich mit den Übungen auf den nächsten Seiten. Dabei bekommen Sie einen Überblick über typische Fehler:

- Doppelaussagen oder „weiße Schimmel",
- überflüssige Satzeinleitungen oder Vorreiter,
- ausschweifende Formulierungen und
- Hauptwortstil und Streckverben.

Ein Fehler wurde nicht berücksichtigt: das *Mitteilen von überflüssigen Informationen*. Überflüssiges lenkt den Leser vom roten Faden ab und trägt wenig zum besseren Verständnis bei. Dieser Aspekt hängt sehr eng mit dem Verständlichmacher „Struktur" zusammen und lässt sich nur in vollständigen Texten verdeutlichen.

Nicht um jeden Preis kürzen!

Gehen Sie beim prägnanten Schreibstil nicht so weit, dass es durch Kürzen zu einem Telegrammstil kommt. Darunter leidet das Verständnis, er wirkt außerdem unangemessen und unhöflich. Dies gilt auch für die neue Medien Fax und E-Mail.

Übungen zum prägnanten Schreibstil

Vermeiden Sie Doppelaussagen!

Die bereits schon durchgeführte Vertragsänderung wird zum
31.03.JJ aufgehoben.

Übung 6

Frau Hinze informiert Sie über die stattgefundene Abteilungsleiterbesprechung vom 04.09.JJJJ.

Mit Schreiben vom 21.07.JJ hatten wir Sie zur Rückzahlung des
Betrages in Höhe von 200,00 DM aufgefordert.

Weiterhin beanstanden wir hiermit die Zuverlässigkeit Ihres bei
uns aufgestellten Kopiergerätes.

Alle übrigen getroffenen Vereinbarungen behalten unverändert
ihre Gültigkeit.

Vermeiden Sie Vorreiter!

Übung 7

Wir sind gerne bereit, mit Ihnen bei dieser Projektuntersuchung zusammenzuarbeiten.

Bekanntlich kann in der gesetzlichen Rentenversicherung der Beginn der Altersrente vorgezogen werden.

Wir weisen darauf hin, dass Ihnen keine Reisekosten erstattet werden.

Leider müssen wir Ihnen mitteilen, dass wir für die Einstellung zum 01.09.JJJJ noch keine Bewerbungen annehmen können.

Im Übrigen können wir Ihnen mitteilen, dass wir mit Ihren Vorschlägen völlig einverstanden sind.

Formulieren Sie prägnant!

Dabei ergeben sich für Sie folgende Vorteile:

Aus diesem Grund empfiehlt es sich, mit einer Schulung bis zur Realisierung der verbesserten Programmversion abzuwarten.

Wir bitten Sie, uns unter der Durchwahl 12 34-56 kurz Bescheid zu geben, wann die bestellten Disketten abgeholt werden können.

Anlässlich meines Besuchs wurde vereinbart, die Arbeit dergestalt zu planen, dass seitens des Kunden nur die nachstehend aufgeführten Leistungen zu erfüllen sind: ...

Mit fortschreitender Vertragsdauer tritt immer die Zweckbestimmung der Altersversorgung in den Vordergrund.

Hauptwortstil und Streckverben vermeiden

Übung 9

Wir bitten um Prüfung und Unterzeichnung des Versicherungsvertrages.

Die Begutachtung der Wohnung durch Herrn Köhler war im Februar.

In den nächsten Tagen werden wir die Überweisung von 80 DM vornehmen.

Im Herbst werden wir mit unseren Kunden darüber Gespräche durchführen.

Dieser Arbeitsprozess wird dann Anwendung finden, wenn wir mit den neuen Fräsmaschinen die Metallblöcke in Bearbeitung nehmen können.

Übungen zum prägnanten Schreibstil

Tipps und Checklisten für bessere Texte

Stellen Sie sich vor, Ihre Abteilung ist seit vielen Jahren darauf programmiert, nur an die eigenen Vorteile zu denken und diese durchzusetzen. Von heute auf morgen verlangt der neue Vorgesetzte jedoch partnerschaftliches Verhalten den Mitarbeitern und Kunden gegenüber einschließlich eines kundenorientierten Korrespondenzstils.

Bewusstsein ändern

Glauben Sie, dass dies so schnell umzusetzen ist? Wir müssen in längeren Zeitabschnitten rechnen. Ohne eine grundlegend *veränderte Einstellung* ist meistens keine Verhaltensänderung beim Schreiben erreichbar. Verbessern Sie den persönlichen Stil nach und nach. Verfallen Sie dabei nicht in Hektik, Sie haben Zeit, müssen und können nicht alles auf einmal umsetzen.

Auf das Gefühl hören

Wählen Sie einige der folgenden Tipps aus und arbeiten Sie damit etwa einen Monat. *Wichtig:* Ihr Gefühl sagt Ihnen sehr genau, mit welchen Vorschlägen Sie am besten vorankommen. Danach setzen Sie weitere Tipps um. Probieren Sie jeden neuen Vorschlag mindestens drei Wochen lang aus. Damit lenken Sie Ihr Verhalten Schritt für Schritt in die neue Richtung.

Neues Verhalten führt zu neuer Einstellung

Mit Ihrer bewussten Verhaltensänderung kommen Sie auch zu einer veränderten Einstellung, die wiederum Verhaltensänderungen fördert. Einstellung und Verhalten sind wechselseitig voneinander abhängig.

Konsequenz ist wichtig

Wenn Sie konsequent an einem Aspekt arbeiten, erkennen Sie und Ihre Leser schon nach wenigen Wochen deutliche Fortschritte. Dies bedeutet nicht, dass Sie täglich Stunden investieren und Ihre eigentliche Arbeit vernachlässigen müssen. Entscheidend ist es, sich lieber nur ein Ziel oder zwei Ziele zu setzen und regelmäßig zu verfolgen. So bleibt der Mehraufwand für ein Schreiben im Minutenbereich.

Tipps für Ihren Arbeitsplatz

Richtiges Schreibgerät

Kaufen Sie sich einen Kuli/Füller/Druckbleistift, der Ihnen gefällt und gut in der Hand liegt. Besorgen Sie sich Papier, auf dem Sie gern schreiben.

PC-Arbeitsplatz

Achten Sie darauf, dass der Abstand zwischen Ihren Augen zum PC-Bildschirm stimmt (ca. 50 cm) und dass die Bildschirmoberkante auf Höhe der Augen liegt. Drehen Sie den Bildschirm so, dass die Scheibe kein Licht reflektiert.

Monitor-Einstellung

Stellen Sie auf Ihrem Monitor den für Sie geeigneten Kontrast ein. Wählen Sie die Hintergrundfarben, die Sie auch über lange Zeit gern anschauen.

Vergrößern Sie bei Bedarf den Bildausschnitt und lassen Sie sich auch die Seitenansicht zeigen. Nur so können Sie die Optik Ihrer Schreiben beurteilen.

Ablenkung vermeiden

Halten Sie auf Ihrem Schreibtisch eine gewisse Ordnung. Alles, was Sie nicht brauchen, lenkt Sie immer wieder von der Arbeit ab.

Tipps zur Vorbereitung

Papier oder PC

Finden Sie für sich heraus, ob Sie Ihre Texte zunächst lieber auf Papier schreiben oder gleich in den PC eingeben. Manchmal ist es sinnvoll abzuwechseln.

Zeit lassen

Planen Sie für Ihre Texte möglichst realistische Zeiten ein, so setzen Sie sich nicht unnötig unter Druck. Wenn Sie ein einseitiges Schreiben sehr gut formulieren wollen, brauchen Sie dafür mindestens eine Stunde.

Telefon

Stellen Sie bei wichtigen Arbeiten – wenn möglich – Ihr Telefon um.

Ungestört arbeiten

Suchen Sie einen ruhigen Raum (Besprechungszimmer, Seminarraum) auf, in dem Sie für eine bestimmte Zeit ungestört texten können. Übernehmen Sie an einem anderen Tag den Telefondienst für andere Kollegen.

Positive Stimmung

Versetzen Sie sich vor dem Schreiben – vor allem bei wichtigen Inhalten – in eine freundliche Stimmung. Warum nicht auch ein-

Tipps und Checklisten für bessere Texte

mal bei der Arbeit lächeln oder schmunzeln? Sie werden sehen, auf diese Weise haben Sie schneller bessere Einfälle.

Verfassen Sie schwierige Texte möglichst in Ihren Leistungs- Leistungskurve hochs: vor allem morgens und am späteren Nachmittag. Legen Sie Routinevorgänge – zum Beispiel Daten übertragen, Termine ein- tragen – bewusst in leistungsschwache Zeiten.

Tipps zum Schreiben

Notieren Sie wichtige Stichwörter, bringen Sie sie in eine sinn- **Stichwörter** volle Reihenfolge und formulieren Sie erst dann den Text. Letzt- **aufschreiben** lich sparen Sie damit Zeit. Unser Gehirn ist hoffnungslos über- fordert, wenn es texten und gleichzeitig auf den „roten Faden" ach- ten soll.

Wenn Sie Startschwierigkeiten haben, schreiben Sie das, was **Spontan** Ihnen zum Thema spontan einfällt, auf ein Blatt Papier. Ordnen **schreiben** und vervollständigen können Sie Ihre Stichworte danach.

Legen Sie ausreichende kurze Pausen ein. Bewegen Sie sich. **Pausen machen**

Produzieren Sie neue Gedanken und Ideen, indem Sie die Kör- **Neue** perhaltung beim Schreiben gezielt verändern und entspannt sitzen. **Körperhaltung** Haltungsänderungen fördern neue Sichtweisen und Blickwinkel.

Nehmen Sie sich andere Texte oder Aufgaben vor, wenn Sie sich **Ohne Zwang** festgebissen haben. Dabei befasst sich Ihr Unterbewusstsein wei- **arbeiten** terhin mit der ungelösten Aufgabe.

Lassen Sie Ihren Text einen Tag liegen und lesen Sie ihn dann **Abstand** noch einmal. Mit diesem Abstand fallen Ihnen Fehler eher auf und **herstellen** Sie entdecken schneller Verbesserungsmöglichkeiten.

Geben Sie Ihren Brief oder Ihr Fax anderen Kollegen zum Lesen. **Kollegen** Außenstehende können oft schneller erkennen, wo noch etwas **beteiligen** nachzubessern ist.

Tipps zum Umgang mit Zielen

Ziele setzen

Setzen Sie sich kurzfristige und mittelfristige Korrespondenz-Ziele. Zum Beispiel: In den nächsten vier Wochen befasse ich mich damit, meine Texte in einem modernen Stil zu verfassen, altmodische Formulierungen vermeide ich.

Ziele schriftlich festhalten

Schreiben Sie Ihr Ziel auf mehrere Kärtchen. Beispiel: *Ich formuliere modern!* Legen Sie dieses Kärtchen neben die Tastatur des PC. Damit lenken Sie Ihre Aufmerksamkeit immer wieder auf Ihr Ziel.

Prioritäten setzen

Nehmen Sie sich höchstens zwei Ziele gleichzeitig vor, mit denen Sie sich gern befassen möchten. Nicht Ihr Verstand, sondern Ihr Gefühl hilft Ihnen, diese Ziele zu finden.

Üben

Üben Sie Ihr Ziel mindestens drei Wochen, besser einen Monat. Erst während dieser Zeit hat das neue Schreibverhalten überhaupt die Chance, sich zu verankern.

Bewerten Sie die Optik eines Schreibens

Bewertungs-Kriterien	positiv	negativ	
Bitte ankreuzen			Checkliste 1
Gestaltung des „Kopfes"	☐	☐	
Gestaltung des Betreffs	☐	☐	
Schriftart	☐	☐	
Schriftgröße	☐	☐	
Zeilenlänge	☐	☐	
Zeilenabstand	☐	☐	
Absätze mit Leerzeilen	☐	☐	
Rechter Rand	☐	☐	
Hervorhebungen im Text	☐	☐	
Seitenaufteilung	☐	☐	
Gesamtbewertung	☐	☐	

Weitere Bemerkungen:

Bewerten Sie die Verständlichkeit

Bewertung	optimal = 1-2-3-4-5 = unverständlich

Einfachheit		**Bewertung***
geläufige Wörter	☐ ☐ ☐ ☐ ☐	ungeläufige Wörter
Fachwörter erklären	☐ ☐ ☐ ☐ ☐	Fachwörter nicht erklärt
kurze Sätze	☐ ☐ ☐ ☐ ☐	lange Sätze, Schachtelsätze
einfacher Satzbau	☐ ☐ ☐ ☐ ☐	komplizierter Satzbau
konkret, anschaulich formuliert	☐ ☐ ☐ ☐ ☐	allgemein und abstrakt
aktiv und positiv formuliert	☐ ☐ ☐ ☐ ☐	passiv und negativ formuliert
modern formuliert	☐ ☐ ☐ ☐ ☐	altmodisch schreiben

Struktur		**Bewertung***
folgerichtig und logisch aufgebaut	☐ ☐ ☐ ☐ ☐	wirr und unlogisch aufgebaut
inhaltlich und optisch gut gegliedert	☐ ☐ ☐ ☐ ☐	inhaltlich und optisch schlecht gegliedert
Wesentliches sprachlich und optisch hervorgehoben	☐ ☐ ☐ ☐ ☐	keine Unterschiede zwischen Wesentlichem und Unwesentlichem gemacht

Prägnanz		**Bewertung***
nur das Wesentliche	☐ ☐ ☐ ☐ ☐	viel Unwesentliches
knapp und treffend formuliert	☐ ☐ ☐ ☐ ☐	umständlich und weitschweifig formuliert

Anregung		**Bewertung***
persönlich geschrieben, „Sie-Stil"	☐ ☐ ☐ ☐ ☐	„Wir-Stil", Beamtenstil
höflich formuliert	☐ ☐ ☐ ☐ ☐	unhöflich formuliert
abwechslungsreich gestaltet	☐ ☐ ☐ ☐ ☐	langweilig gestaltet, viele Floskeln

* Bilden Sie für jeden Verständlichmacher eine Durchschnittsnote.

Korrespondenz-Profil

Name: ▨▨▨▨▨ Datum: ▨▨▨ Text(e): ▨▨▨

Bewerten Sie Aspekte, die Sie besonders interessieren. Bilden Sie für jeden Verständlichmacher eine Durchschnittsnote.

Bewertung	optimal = 1 - 2 - 3 - 4 - 5 = unverständlich

Einfachheit		Bewertung
geläufige Wörter	☐☐☐☐☐	ungeläufige Wörter
Fachwörter erklärt	☐☐☐☐☐	Fachwörter nicht erklärt
kurze Sätze	☐☐☐☐☐	lange Sätze (über 25 Wörter)
einfacher Satzbau	☐☐☐☐☐	komplizierter Satzbau
aktive Formulierungen	☐☐☐☐☐	Passiv-Stil
modern geschrieben	☐☐☐☐☐	altmodische Wörter

Struktur		Bewertung
folgerichtig, logisch	☐☐☐☐☐	wirr, unlogisch
inhaltlich gut gegliedert	☐☐☐☐☐	keine inhaltliche Gliederung
optisch gut gegliedert	☐☐☐☐☐	optisch nicht gegliedert
Aufzählung, Tabelle usw.	☐☐☐☐☐	nur Sätze verwendet

Prägnanz		Bewertung
enthält nur Wichtiges	☐☐☐☐☐	enthält viel Unwichtiges
treffend formuliert	☐☐☐☐☐	umständlich formuliert
keine überflüssigen Wörter	☐☐☐☐☐	Vorreiter, Doppelaussagen

Anregung		Bewertung
persönlich („Sie-Stil")	☐☐☐☐☐	unpersönlich („Wir-Stil")
höflich (bitte, danke)	☐☐☐☐☐	unhöflich (kein Dank)
abwechslungsreich, interessant	☐☐☐☐☐	langweilig, viele Floskeln
Satzzeichen (!, ?, –, :, „ ")	☐☐☐☐☐	nur Punkt und Komma

Welche Ziele wollen Sie erreichen?

Bitte höchstens zwei oder drei Ziele gleichzeitig vornehmen. Üben Sie jedes Ziel mindestens vier Wochen.

Verständlich schreiben	Ziel	von KW bis KW oder Monat(e)	Kontrolle X oder -
Einfachheit			
geläufige Wörter	☐	☐	☐
Fachwörter erklären	☐	☐	☐
kurze, einfache Sätze	☐	☐	☐
konkret, anschaulich formulieren	☐	☐	☐
aktiv und positiv formulieren	☐	☐	☐
modern schreiben	☐	☐	☐
Struktur			
folgerichtig, logisch aufbauen	☐	☐	☐
inhaltlich gut gliedern	☐	☐	☐
optisch gut gliedern	☐	☐	☐
Aufzählung, Tabelle usw. verwenden	☐	☐	☐
Prägnanz			
nur Wichtiges mitteilen	☐	☐	☐
kurz und treffend formulieren	☐	☐	☐
keine überflüssigen Wörter	☐	☐	☐
Anregung			
persönlich formulieren("Sie-Stil")	☐	☐	☐
höflich schreiben	☐	☐	☐
abwechslungsreich, interessant gestalten	☐	☐	☐
Satzzeichen (!, ?, –, :, „ ") ausnutzen	☐	☐	☐

Anhang

Beratung zu Stil, Grammatik und Zeichensetzung

Niemand weiß alles. Es kommt also darauf an, Quellen zu kennen, die Sie im Bedarfsfall „anzapfen" können. Deshalb erhalten Sie eine Zusammenstellung mit Beratungsdiensten, die Sie kostenlos nutzen können. Nur die Telefongebühr ist von Ihnen zu zahlen. Wenn beim ersten Anwählen das Besetztzeichen ertönt, verzweifeln Sie nicht, wählen Sie die nächste Nummer.

Kostenlose Beratung

Gesellschaft für deutsche Sprache e.V., Wiesbaden
Zeiten: Mo–Fr 9–12:30 Uhr, Mo–Do 14–16 Uhr;
Tel. (06 11) 9 99-55 55

Grammatisches Telefon
Germanistisches Institut der Rheinisch-Westfälischen
Technischen Hochschule Aachen
Zeiten: Mo–Fr 10–12 Uhr; Tel. (02 41) 80 60 74

Grammatisches Telefon
Germanistisches Institut der Universität Potsdam
Zeiten: Mo–Fr 10–12 Uhr; Tel. (03 31) 9 77-24 24

Institut für Deutsche Sprache, Mannheim
Zeiten: Mo–Fr 9–12, 14–16 Uhr; Tel. (06 21) 15 81-419

Sprachberatungsstelle der Duden-Redaktion, Mannheim
Zeiten: Mo–Fr 9–12; Tel. (06 21) 3 90 14 26

Sprachdienst des Germanistischen Instituts, Halle
Zeiten: Mo/Do 10–12 Uhr, Di/Do 14–16 Uhr, Fr 9–11 Uhr
und 14–16 Uhr; Tel. (03 45) 5 52 36 05

Sprachservice Telefon der Universität Essen
Di, Mi, Do 9:30–11 Uhr; Tel. und Fax (02 01) 1 83 34 05

Literatur

Böhler/Klumpp: *Kundenorientierter Stil für jeden Geschäftsbrief.*
Max Schimmel Verlag, 1993

DIN 5008, Schreib- und Gestaltungsregeln für die Textgestaltung.
Beuth Verlag, 1996

Langer, I./Schulz von Thun, F./Tausch, R.: *Sich verständlich aus-
drücken.* Reinhardt Verlag, 1990

Schirm, R. W.: *Kürzer, knapper, präziser.* Econ Taschenbuch
Verlag, 1992

Schneider, W.: *Deutsch fürs Leben.* rororo Sachbuch, 1994

Schneider, W.: *Deutsch für Kenner.* Stern Buch, Verlag
Gruner + Jahr, 1993

von Werder, L.: *Erfolg im Beruf durch kreatives Schreiben.*
Schibri-Verlag, 1995

Waize/Hastaedt: *Alles über DIN 5008, Schreib- und Gestaltungsregeln für die Textgestaltung.* Ruhland Verlag, 1996

Wypijeski, W.: *Kreativ korrespondieren.* Gabler Verlag, 1990

Der Brief-Berater. Verlag Norman Rentrop, 6 Hefte pro Jahr

Lösungen

In der Randspalte sind die Fehler benannt bzw. die altmodischen Begriffe und Formulierungen noch einmal angegeben. Runde Klammern und gerade Schrift zeigen Ihnen Formulierungsalternativen. Eckige Klammern mit Kursivschrift [*Bezug*], [*Betreff*] und [*unten*] zeigen, an welcher Stelle eine bestimmte Information stehen soll.

Lösung 1: Achten Sie auf den Briefanfang!

Sehr geehrte Frau Baumann,

vielen Dank für Ihr Schreiben.
Oder: für Ihre Information vielen Dank.
[*Bezug unter „Ihre Nachricht":*] 03.04.JJ
[*Falls „Ihre Nachricht" fehlt, unter dem Betreff:*] Ihr Schreiben vom 03.04.JJ

Bezug an falscher Stelle

Sehr geehrter Herr Schmid,

vielen Dank für Ihre Ausschreibungsunterlagen.
Oder: für Ihre Unterlagen vielen Dank.
[*Betreff:*] Bauvorhaben ...

Betreff, Teilbetreff nicht wiederholen

Diesen Satz weglassen. „Leider" stimmt den Leser negativ ein, bevor er den Inhalt des Schreibens kennt. Besser:
Sehr geehrte Frau Lohmann,

Leider

vielen Dank für Ihr Interesse (Ihren Anruf, Ihre Anfrage, Ihr Schreiben, Ihre Unterlagen).

Ihre gewünschten Kopien erhalten Sie Ende des Monats.
Oder: Die von Ihnen gewünschten Kopien erhalten Sie, sobald wir von X alle Informationen haben. Falls dies länger als zwei Wochen dauern sollte, bekommen Sie einen Zwischenbescheid (ruft Sie Frau Klein an).

Sehr geehrter Herr Schwarz,

**Bezug als
Einleitung**

vielen Dank für Ihr Interesse an unseren Dienstleistungen.

Sie erhalten – wie von Ihnen gewünscht – unser Angebot für ...:
[Bezug unter dem Betreff:] Ihr Gespräch mit Frau Berger am ...

Lösung 2: Moderne Wortwahl nutzen!

**Wir danken,
Bemühungen**

Vielen Dank allen Beteiligten für die Unterstützung (Hilfe).
Oder: Allen Beteiligten vielen (herzlichen) Dank für die Mitarbeit.

**Zu diesem Zweck,
eingereicht**

Sie erhalten daher eine Kopie des uns zugeschickten Zahlungsauftrages (Zahlungsauftrags) zurück.
Oder: Deshalb bekommen Sie von uns eine Kopie des Zahlungsauftrags.

**geraume Zeit,
nunmehr**

Schon seit fünf Jahren sind Sie unser Geschäftspartner. *Oder:* Schon
seit fünf Jahren sind wir Geschäftspartner.
Oder: Seit fünf Jahren sind wir Ihr Partner in Geld- und Finanzierungs-
fragen.

**Als Anlage, fügen
bei, nebst**

Mit diesem Schreiben schicken wir Ihnen unsere Antragsformulare
und eine Selbstauskunft.
Oder: Sie erhalten (bekommen) unsere Antragsformulare und eine
Selbstauskunft.
[Unten:] Anlagen

**vorgenannten,
geht Ihnen zu**

Einen Verrechnungsscheck über diesen Betrag erhalten Sie in den
nächsten Tagen.
Oder: In den nächsten Tagen bekommen Sie einen Verrechnungsscheck über diesen Betrag.

Lösung 3: Schreiben Sie höflich

Bitte senden Sie uns die Preisliste zu. Vielen Dank. (Danke.)
Oder: Bitte schicken Sie uns die Preisliste. Vielen Dank. (Danke.)
Oder: Senden Sie uns bitte die Preisliste. Vielen Dank. (Danke.)
[Falls vorher schon ein Satz mit „Bitte" beginnt.]

**Wir bitten Sie,
Dank fehlt**

Bitte überweisen Sie uns (noch) die Beiträge für diese zwei Monate.
Danke.
„Ausstehend" ist überflüssig, die entsprechende Information kommt vorher.
Da die Monate vorher genannt sind, reicht jetzt der Hinweis auf die Zahl.
Auch beim Fehler der Kunden ist Höflichkeit und damit ein „Danke" ange-
bracht. „Vielen Dank" könnte bei einem Zahlungsrückstand als übertrieben
empfunden werden.

**Wir bitten um,
Dank fehlt**

Damit wir den Bericht fertig stellen können, informieren Sie uns bitte
noch über: ...
Oder: Bitte informieren Sie uns noch über diese Aspekte, damit wir
den Bericht fertig stellen können: ...
Eingerückt folgt eine Aufzählung. Danach: Vielen Dank für Ihre Unterstüt-
zung! (Vielen Dank für Ihre Mitarbeit.)
Oder: Für Ihre Unterstützung vielen Dank! (Für Ihre Mitarbeit vielen
Dank.)
Bei umfangreichen Aufgaben ist es sinnvoll, die Leistung der Leser über das
„Vielen Dank" hinaus zu honorieren. „Unterstützung", „Hilfe", Koopera-
tion", „Mitarbeit" „Zusammenarbeit" bieten sich an.

**bitten wir Sie,
Dank fehlt**

Aufgrund der Kilometerleistung Ihres Fahrzeuges können wir keine
Reparaturkosten übernehmen. Bitte haben Sie dafür Verständnis.
Oder: Bitte haben Sie dafür Verständnis, dass wir aufgrund der Kilo-
meterleistung Ihres Fahrzeuges keine Reparaturkosten übernehmen.
Sie können nur um Verständnis bitten. Setzen Sie es durch einen Dank voraus,
fühlen sich die Leser bevormundet.

**Wir danken
Ihnen für Ihr
Verständnis**

Lösung 4: „Sie-Stil" statt „Wir-Stil"

schicken wir ... zu

Die Rechnung erhalten Sie nach Lieferung der letzten Jacke.
Oder: Nach Lieferung der letzten Jacke bekommen Sie unsere Rechnung.

Wir senden ... zu

In den nächsten Tagen erhalten Sie die entsprechenden Formulare.
Oder: Sie erhalten unsere Formulare (Antragsformulare) in den nächsten Tagen.

... haben wir zusammengefasst

Die vier Themen unserer letzten Besprechung bekommen Sie als Zusammenfassung:
[Eingerückt folgt die Aufzählung.] Oder: Über die vier Themen unserer letzten Besprechung informiert Sie diese Zusammenfassung: ...
Oder: Die vier Themen unserer letzten Besprechung waren: ...

senden wir

Sie erhalten eine Broschüre, die Sie darüber informiert, welche Berufsausbildungen wir durchführen.
Oder: In unserer Broschüre erhalten Sie Informationen über unsere Berufsausbildungen.
Oder: Unsere Broschüre gibt Ihnen einen Überblick über unser Angebot an Berufsausbildungen.
[Unten jeweils:] Anlage *oder* Anlagen

Ich habe ... beigefügt

Mit diesem Schreiben erhalten Sie Formulare zur Überweisung.
Oder den nächsten Inhalt gleich damit verknüpfen. Beispielsweise: Bitte überweisen Sie diesen Betrag mit unseren Formularen bis ... Vielen Dank.
[Unten jeweils:] Anlage *oder* Anlagen

Lösung 5: Achten Sie auf das Briefende!

Bitte haben Sie Verständnis.

Um Verständnis können Sie nur bitten.

Oder: Bitte haben Sie daher für unsere Entscheidung Verständnis.

Oder: Bitte akzeptieren Sie deshalb unsere Entscheidung.

Vielen Dank für Ihre Unterstützung (Mitarbeit, Hilfe, Kooperation).

Das Wort „Bemühungen" ist negativ besetzt. Viele Leser verbinden damit „mühevolles" und wahrscheinlich erfolgloses Arbeiten.

Vorsicht: Floskel! Und zudem altmodisch, „Rückfragen" sind Fragen, „stehen wir zur Verfügung" klingt geschraubt. Überlegen Sie vorher, ob Ihr Leser dies überhaupt braucht. In einer partnerschaftlichen Zusammenarbeit ist es selbstverständlich, dass jeder jederzeit Fragen stellen kann.

Ihre Fragen beantwortet Frau Masur – Tel. 12 34 56 – gern.

Oder: Gern beantwortet Frau Masur (Tel. 12 34 56) Ihre Fragen.

Diesen Satz weglassen. „Hoffen" ist psychologisch negativ besetzt. Wichtig: Der Briefinhalt soll nach DIN 5008 nicht mit dem Gruß verbunden werden.

„Wir bedauern" nimmt uns niemand ab. Das ist eine Floskel, durch die am Briefende das Negative betont wird. Lassen Sie diesen Satz deshalb weg. Eventuell ist eine Bitte um Verständnis angebracht.

Lösung 6: Vermeiden Sie Doppelaussagen!

schon | Die bereits durchgeführte Vertragsänderung wird zum 31.03.JJ aufgehoben.

bereits durch-geführte | Die Vertragsänderung wird zum 31.03.JJJJ aufgehoben.
[Dies reicht meistens aus, Missverständnisse sind ausgeschlossen.]

stattgefundene | Frau Hinze informiert Sie über die Abteilungsleiterbesprechung vom 04.09.JJJJ.
Oder: Über die Abteilungsleiterbesprechung (04.09.JJJJ) informiert Sie Frau Hinze.

in Höhe | Mit unserem letzten Schreiben vom 21.07.JJ haben wir Sie zur Rückzahlung des Betrags von 200,00 DM aufgefordert.
Oder: Vor vier Wochen haben wir Sie schriftlich aufgefordert, den Betrag von 200 DM zurückzuzahlen.
[Bezug jeweils unter „Unsere Nachricht vom":] **21.07.JJ**
[Fehlt diese eingedruckte Information, dann steht unter dem Betreff:]
Unser Schreiben vom 21.07.JJ

hiermit | Weiterhin beanstanden wir die Zuverlässigkeit Ihres Kopiergerätes.
Oder konkreter: Außerdem zieht Ihr Kopiergerät, das in unserer Personalabteilung steht, die Blätter nicht ein.
Oder: Außerdem funktioniert bei Ihrem Kopiergerät, das in unserer Personalabteilung steht, der Blatteinzug nicht.

getroffene | Alle übrigen Vereinbarungen behalten unverändert ihre Gültigkeit.
Oder: Alle übrigen Vereinbarungen sind unverändert gültig.

Lösung 7: Vermeiden Sie Vorreiter!

Gern arbeiten wir mit Ihnen bei dieser Projektuntersuchung zusammen.
Oder: Auf die Zusammenarbeit bei dieser Projektuntersuchung freuen
wir uns.

Wir sind gerne bereit

In der gesetzlichen Rentenversicherung kann der Beginn der Altersrente vorgezogen werden.
Oder: Der Beginn der Altersrente kann in der gesetzlichen Rentenversicherung vorgezogen werden.

Bekanntlich

Reisekosten können Ihnen nicht erstattet werden.
Oder: **Hinweis:** Reisekosten können nicht abgerechnet werden.
[Nach dieser Aussage sollte jeweils die Begründung folgen.]
Oder: **Wichtiger Hinweis:** Nach unseren Richtlinien für das Bewer-
bungsverfahren sind die gesamten Reisekosten vom Bewerber zu
übernehmen.

Wir weisen darauf hin

Für die Einstellung zum 01.09.JJJJ dürfen wir noch keine Bewerbun-
gen annehmen.
Oder konkreter: Für die Einstellung zum 01.09.JJJJ dürfen wir die
Bewerbungen erst ab Januar 1997 annehmen. (Bitte haben Sie dafür
Verständnis.)

Leider müssen wir Ihnen mitteilen

Mit Ihren Vorschlägen sind wir einverstanden.
Oder: Wir sind mit Ihren Vorschlägen einverstanden.

Im Übrigen kön- nen wir Ihnen mitteilen, völlig

Lösung 8: Formulieren Sie prägnant!

<table>
<tr>
<td>Dabei ergeben sich</td>
<td>Sie haben folgende Vorteile:
Oder: Sie haben diese Vorteile:
Oder: Welche Vorteile haben Sie?
[7 Wörter im Originalsatz : 4 Wörter in der verbesserten Fassung]</td>
</tr>
<tr>
<td>Aus diesem Grund, Realisierung nicht unbedingt erforderlich</td>
<td>Deshalb empfehlen wir, mit einer Schulung bis zur verbesserten Programmversion zu warten. [16 : 12 Wörter]
Oder: Warten Sie deshalb mit Schulungen, bis die verbesserte Programmversion realisiert ist. [16 : 11 Wörter]
Oder: Unsere Empfehlung: Warten Sie bis die verbesserte Programmversion erschienen ist. [16 : 10 Wörter]
Oder: Hinweis: Schulen Sie erst, wenn die neue Programmversion erschienen ist. [16 : 10 Wörter]</td>
</tr>
<tr>
<td>Wir bitten Sie, uns unter der Durchwahl ... kurz Bescheid zu geben, ... bestellten</td>
<td>Bitte rufen Sie uns an (12 34-56), wann die Disketten abgeholt werden können. [19 : 12 Wörter; 12 34-56 = 1 Wort]
Oder: Wann können die Disketten abgeholt werden? Bitte rufen Sie uns an (12 34-56). [19 : 12 Wörter]
Oder: Bitte informieren Sie uns (Tel. 12 34-56), wenn die Disketten fertig sind. [19 : 11 Wörter]</td>
</tr>
<tr>
<td>Anlässlich, seitens des Kunden, nachstehend aufgeführten, Arbeit kann weggelassen werden</td>
<td>Bei meinem Besuch haben wir vereinbart, die Arbeit so zu planen, dass der Kunde nur diese Leistungen zu erbringen hat: ... [22 : 20 Wörter]
Oder: Bei meinem Besuch haben Sie mit mir vereinbart, so zu planen, dass der Kunde nur diese Leistungen zu erbringen hat: ... [22 : 20 Wörter]
Oder: Bei meinem Besuch haben wir vereinbart, so zu planen, dass der Kunde nur diese Leistungen zu erbringen hat: ... [22 : 18 Wörter]
Oder: Beim Besuch haben wir vereinbart, so zu planen, dass der Kunde nur diese Leistungen auszuführen hat: ... [22 : 16 Wörter]</td>
</tr>
<tr>
<td>tritt in den Vordergrund, Zweckbestimmung und immer entfallen</td>
<td>Mit fortschreitender Vertragsdauer wird die Altersversorgung immer wichtiger. [12 : 8 Wörter]
Oder: Mit fortschreitender Vertragsdauer wird die Altersversorgung wichtiger. [12 : 7 Wörter]</td>
</tr>
</table>

Lösung 9: Hauptwortstil und Streckverben vermeiden

Bitte prüfen Sie und unterschreiben Sie den Versicherungsvertrag.
Vielen Dank.
Oder: Bitte prüfen und unterschreiben Sie den Versicherungsvertrag.
Danke.
Oder: Bitte unterschreiben Sie den Versicherungsvertrag, wenn Sie
damit einverstanden sind. Vielen Dank.

**Prüfung,
Unterzeichnung**

Herr Köhler hat die Wohnung im Februar begutachtet.
Oder: Im Februar hat Herr Köhler diese Wohnung begutachtet.

Begutachtung

In den nächsten Tagen überweisen wir Ihnen 80,00 DM.
Oder: Ihnen überweisen wir in den nächsten Tagen 80 DM.

**Überweisung
vornehmen**

Im Herbst sprechen wir mit unseren Kunden darüber.
Oder: Mit unseren Kunden sprechen wir im Herbst darüber.
Oder: Wir reden mit unseren Kunden im Herbst darüber.
[„Wir-Beginn" vermeiden.]

**Gespräche
durchführen**

Dieser Arbeitsprozess wird dann angewendet, wenn wir mit den
neuen Fräsmaschinen die Metallblöcke bearbeiten können.
Oder: Diesen Arbeitsprozess wenden wir an, wenn wir die Metallblöcke mit den neuen Fräsmaschinen bearbeiten können.
Oder: Wenn wir die Metallblöcke mit den neuen Fräsmaschinen bearbeiten können, wenden wir diesen Arbeitsprozess an.

**Anwendung
finden, in
Bearbeitung
nehmen**

Register

Zum Themenbereich „Korrespondenz" sind im FALKEN Verlag noch
weitere Titel erschienen:
Otto Fuhrmann, Bewährte Musterbriefe für alle Gelegenheiten (0231)
Gisa Briese-Neumann, Geschäftsbriefe zeitgemäß und sicher schreiben (1323)
Gabriele Reinert-Schneider, Der moderne Brief (1440)
Friedel Weber, Briefe an Behörden (1576)

Sie finden uns im Internet: http://www.falken.de

Dieses Buch wurde auf chlorfrei gebleichtem und
säurefreiem Papier gedruckt.

Der Text dieses Buches entspricht den Regeln
der neuen deutschen Rechtschreibung.

ISBN 3 8068 2174 7

© 1998 by FALKEN Verlag, 65527 Niedernhausen/Ts.

Umschlaggestaltung: Elisabeth Berthauer
Gestaltung: Horst Bachmann
Redaktion: Dr. Rainer Lorenz, Kassel
Koordination: Winfried Schindler
Herstellung: Petra Becker

Satz: Raasch & Partner GmbH, Neu-Isenburg
Druck: Neuwieder Verlagsgesellschaft mbH, Neuwied

817 2635 4453 6271